JANVIER 2015 : LE CATALYSEUR

LA CRISTALLISATION D'UNE IDÉOLOGIE

JÉRÔME FOURQUET
ALAIN MERGIER

Photographie de couverture : © Richard Kalvar/Magnum Photos

Jérôme Fourquet travaille depuis dix-huit ans dans le secteur des sondages d'opinion et des études électorales. Il est directeur du département « Opinion et stratégies d'entreprise » de l'Ifop. Il est l'auteur de *Perpignan, une ville avant le Front national ?*, co-écrit avec Nicolas Lebourg et Sylvain Manternach publié à la Fondation Jean-Jaurès en décembre 2014.

Alain Mergier est sémiologue, sociologue et consultant. Il a co-écrit avec Philippe Guibert *Le descenseur social. Enquête sur les milieux populaires*, aux éditions Plon/Fondation Jean-Jaurès en avril 2006.

Jérôme Fourquet et Alain Mergier sont les auteurs de l'essai *Le point de rupture. Enquête sur les ressorts du vote FN en milieux populaires*, publié à la Fondation Jean-Jaurès en août 2011.

PRÉAMBULE

Début janvier 2015 : une série d'actes terroristes islamistes produit un émoi sans précédent en France, en Europe, dans le monde. Cet émoi se traduit le 11 janvier par une marche d'une ampleur inédite depuis la Libération. Des questions ont agité les débats d'experts. Les attentats des 7, 8 et 9 janvier 2015 accentuent-ils l'attrait pour le Front national ou, à l'inverse, la marche du 11 janvier constitue-t-elle une réponse d'union nationale qui sape le bénéfice que le parti d'extrême droite pouvait en escompter ? Ce questionnement est légitime, s'y cantonner est dangereux. Ce que les sondages captent en termes d'attitudes et d'opinions peut parfois paraître contradictoire et résulte de processus qu'il convient d'éclaircir. C'est la conviction qui a guidé cette étude associant des données quantitatives et des entretiens approfondis en face-à-face.

Nous allons tenter de démontrer comment *prend* une idéologie populiste. Par le verbe *prendre*, nous entendons plusieurs sens.

— Une idéologie *prend*, à la manière d'une mayonnaise, au moment où elle devient consistante.
— Elle *prend* comme un film qui nous capte et nous transporte.
— Elle est comme un feu de forêt qui peut *prendre* d'arbre en arbre, de proche en proche, par contagion. Un arbre qui flambe prépare ses voisins au feu qui se propage.
— Elle *prend* comme on le dit d'une idée lorsqu'elle est adoptée et devient commune : banale et partagée.

Avec cet essai, nous voulons décrire comment la machinerie populiste commence à tourner à plein régime ; comment elle se nourrit goulûment des événements qui la font progresser en consistance, en capacité de contagion, comme un feu de forêt qui se développe d'autant mieux que la végétation est sèche, et se propage sous l'effet de vents porteurs. Les personnes qui aujourd'hui se tournent vers le Front national le font non pas pour se conformer au discours de Marine Le Pen, mais parce qu'elles estiment que celui-ci reflète le leur et est validé par leur quotidien comme par les grands événements qui scandent l'actualité. La progression de l'idéologie populiste n'est pas liée qu'aux performances charismatiques de Marine Le Pen. Le croire, c'est sous-estimer la profondeur de la mutation en cours.

Nous sommes à un moment historique de formalisation d'une idéologie. Les attentats de janvier imposent l'islamisation comme terme-clé du système. Les questions du multiculturalisme, de l'immigration, de l'islam, de la laïcité se trouvent durablement au cœur de tout débat politique. Les trois ingrédients idéologiques – vulnérabilité individuelle, mondialisation, immigration/islamisation – entrent en *émulsion*. Sous l'effet de ces événements qui ont fait office de *catalyseur*, la mayonnaise idéologique *prend*. Tout renvoie à tout. Les trois notions font système et chacune d'elles se répercute sur les deux autres. Elles ne sont pas substituables mais elles sont indissociables. Selon les situations ou les événements auxquels ce système est confronté, il pourra ordonner un discours sous l'angle d'un des trois termes et assurer une circulation avec les deux autres.

Nous décrivons une situation politiquement inquiétante. Aujourd'hui, la seule idéologie qui *prend*, dans tous les sens de ce verbe, est une idéologie populiste. Mais, pour que son ascension soit aussi résistible que celle d'Arturo Ui, il convient d'accepter l'idée que cette prégnance idéologique n'est pas le fait de Marine Le Pen. Elle résulte de la relation que celle-ci entretient avec les milieux vulnérabilisés. Marine Le Pen ne fait qu'occuper une place laissée vacante. Le problème ne peut se résumer à une disqualification du Front national. Il faut reconquérir la place qu'il occupe. La route sera longue.

INTRODUCTION

EN SURFACE, UNE STABILITÉ DE L'OPINION À L'ISSUE DES ATTENTATS

Les attentats du mois de janvier ont constitué un événement sans précédent qui a d'abord littéralement sidéré la société française avant de susciter une réaction spectaculaire, avec ces millions d'anonymes descendant dans les rues de France durant le week-end des 10 et 11 janvier. Les images de ces cortèges-fleuves ont rassuré les Français et les commentateurs : la France était encore capable d'un sursaut civique et, face à la barbarie, de se rassembler. Ce moment de communion nationale s'est notamment traduit par un rebond spectaculaire de la popularité de François Hollande et de Manuel Valls, leur cote progressant respectivement de 21 et 17 points[1] en un mois. Les Français faisaient bloc autour du couple exécutif qui incarnait la nation attaquée.

On opère souvent le parallèle avec le 11 septembre 2001. Or, si le choc a été réel dans le pays, nous n'avons pas observé d'évolution de l'opinion allant dans le sens d'un scénario à l'américaine. En effet, si l'on a enregistré au lendemain des attentats un regain de l'approbation de l'intervention militaire en Irak, l'opinion publique française ne s'est pas montrée va-t-en-guerre. Parmi nos compatriotes, 69 % se disaient favorables à la participation de la France

1. Tableau de bord politique Ifop-Fiducial pour *Paris Match* et Sud Radio réalisé par téléphone les 16 et 17 janvier 2015 auprès d'un échantillon national représentatif de 1 003 personnes.

aux frappes aériennes en Irak[2], soit une progression de seulement 4 points par rapport à une mesure réalisée en octobre 2014. Habituellement, lors des opérations extérieures de l'armée française, le soutien populaire s'érode assez rapidement. Là, les attaques terroristes ont provoqué un mouvement inverse[3]. Mais, si l'opinion soutient très majoritairement cette intervention, à peine un tiers des Français (36 %) sont favorables à une « intensification des opérations en Irak » (qui a été comprise comme l'envoi de troupes au sol, une option qui effraie nos concitoyens) et 42 % à une intervention dans d'autres pays (Syrie, Libye, Yémen[4]). La menace djihadiste est bien identifiée mais, pour autant, l'opinion n'est pas prête à partir en guerre la bannière au vent comme les États-Unis en Afghanistan après l'attaque du World Trade Center.

De la même façon, alors même que médias et pouvoirs publics insistent sur le rôle grandissant d'Internet et des réseaux sociaux dans la propagande et le recrutement de djihadistes, les Français sont très partagés sur la restriction de la liberté d'expression sur ces médias – 50 % favorables pour 49 % opposés. Là aussi, nous sommes loin d'une adhésion à un Patriot Act à la française. À cet égard, l'impact des attentats a été puissant, mais pas aussi profond qu'aux États-Unis.

Autre élément rassurant : alors que l'on craignait que l'image des musulmans et de l'islam ne soit violemment mise à mal par ces attentats, les indicateurs d'opinion mesurés à chaud sont demeurés stables, voire se sont un peu améliorés. Le rapport à la communauté musulmane n'a pas évolué négativement. Par rapport à une enquête d'octobre 2012, on identifie la même proportion de personnes estimant que la présence d'une communauté

2. Sondage Ifop pour *L'Édition du soir* réalisé par Internet du 9 au 12 janvier 2015 auprès d'un échantillon national représentatif de 1 002 personnes.

3. Le même mouvement que les Anglo-Saxons qualifient de « *Rally round the flag effect* » s'était produit avec une intensité encore plus forte au lendemain de l'assassinat par un groupe se réclamant de l'État islamique de Hervé Gourdel, otage français en Algérie, l'approbation à l'intervention grimpant de 53 % à 69 %.

4. Sondage Ifop pour *Le Journal du dimanche* réalisé par téléphone les 16 et 17 janvier 2015 auprès d'un échantillon national représentatif de 1 003 personnes.

musulmane en France « représente une menace pour l'identité de notre pays » (40 % en baisse de 3 points)[5]. Cette proportion est certes nettement supérieure à celle des individus pour qui elle représente « un facteur d'enrichissement culturel » (25 %), mais cet item gagne 8 points par rapport à l'enquête de 2012, 35 % répondant « ni l'un, ni l'autre ». Un autre sondage indique que 66 % des personnes interrogées adhèrent à l'opinion selon laquelle « il ne faut pas faire d'amalgame, les musulmans vivent paisiblement en France et seuls les islamistes radicaux représentent une menace », contre 29 % qui estiment que « l'islam est une menace[6] ».

Plusieurs questions émergent à ce stade. Cette stabilité de l'opinion islamophobe n'est-elle pas étonnante compte tenu du contexte ? Et n'entre-t-elle pas en contradiction avec la multiplication des actes antimusulmans depuis les attentats ? Nous pensons que non. Rappelons que la perception de l'islam comme dangereux était déjà très répandue dans la société française. Les attentats n'ont pas fait basculer de nouveaux pans de la population dans ce camp déjà bien constitué. En revanche, ils ont sans doute enraciné dans leurs convictions ceux qui en faisaient déjà partie, d'où des passages à l'acte plus nombreux que par le passé, mais qui sont certainement le fait d'éléments radicalisés.

D'autres données d'enquête[7] confirment une stabilité des opinions sur une autre thématique connexe souvent associée à la question de l'islam et au problème de l'intégration. Il s'agit de l'immigration. Le graphique ci-après montre que les résultats des sondages réalisés après les attentats sont quasiment identiques à ceux d'une enquête datant de 2013. Comme dans le cas du rapport à l'islam, les événements du mois de janvier n'ont pas provoqué de bouleversement des opinions ni de poussée xénophobe.

5. Sondage Ifop pour Atlantico.fr réalisé par Internet du 9 au 12 janvier 2015 auprès d'un échantillon national représentatif de 1 002 personnes.

6. Sondage Ifop pour Atlantico.fr réalisé par Internet les 8 et 9 janvier 2015 auprès d'un échantillon national représentatif de 1 002 personnes.

7. Sondage Ifop pour Atlantico.fr réalisé par Internet du 28 au 30 janvier 2015 auprès d'un échantillon national représentatif de 1 927 personnes.

L'adhésion à différentes opinions sur l'immigration

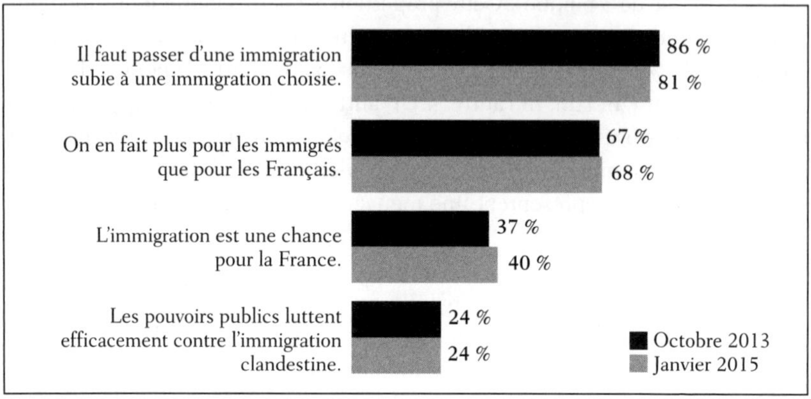

Source : sondage Ifop pour Atlantico.fr, réalisé par Internet du 28 au 30 janvier 2015 auprès d'un échantillon national représentatif de 1 927 personnes.

Cette stabilité de l'opinion, cependant, ne doit pas faire oublier que les jugements restent massivement négatifs. Six Français sur dix estiment que l'immigration n'est pas une chance pour la France, et huit sur dix déclarent qu'il faut passer d'une immigration subie à une immigration choisie. Les résultats restent très clivés sociologiquement. 53 % des professions libérales et des cadres supérieurs estiment que l'immigration est une chance pour la France, contre seulement 44 % parmi les professions intermédiaires et 32 % pour les employés et les ouvriers.

TOUT LE MONDE N'A PAS DÉFILÉ

Selon un sondage Ifop pour *Paris Match* réalisé les 9 et 10 janvier 2015, à la veille de la grande manifestation et juste après la neutralisation des trois terroristes, pas moins de 97 % de nos concitoyens jugeaient qu'il était nécessaire que les Français se rassemblent par-delà leurs différences et fassent preuve d'unité nationale. Ce souhait unanime a été exaucé d'une manière spectaculaire avec les manifestations qui ont rassemblé partout en France plus de quatre millions de personnes. Les images étaient impressionnantes. Dans la plupart des villes où des cortèges étaient organisés, cela faisait plusieurs dizaines d'années que l'on n'avait pas vu autant de personnes défiler. La manifestation parisienne a été comparée à la foule venue acclamer le général de Gaulle sur les Champs-Élysées en août 1944 lors de la libération de la capitale. Sur la base de ces chiffres records et des reportages montrant de véritables marées humaines, l'image d'une population communiant dans un même mouvement pour la défense de la liberté d'expression et de la République et en mémoire des dix-sept victimes des terroristes djihadistes s'est imposée. Mais cette unité nationale s'est-elle manifestée avec la même ferveur partout en France ? Un premier coup d'œil permet d'en douter. Pour des villes de taille comparable, elle laisse apparaître d'importants écarts dans le nombre de manifestants. C'est le cas par exemple entre Lille (40 000 manifestants) et Bordeaux (140 000) ou bien encore entre Le Mans (20 000) et Clermont-Ferrand (70 000).

Une mobilisation très variable selon les régions

Partant de ces constatations, nous avons calculé un taux de mobilisation pour les 130 villes dont l'AFP a publié le nombre de participants. Nous avons rapporté ce nombre à la population de la commune. Ce taux n'est pas à prendre au pied de la lettre. En effet, d'une part, les comptages effectués par les forces de l'ordre ne sont pas toujours d'une précision extrême. D'autre part, on sait que tous les manifestants dans une ville n'étaient pas résidents, mais venaient pour certains des communes alentour.

On peut cependant penser que ces biais se retrouvent partout, de telle sorte qu'ils rendent possible et pertinente une comparaison entre les différentes villes. Une fois calculé, ce taux de mobilisation fait ressortir des disparités très importantes entre les 130 communes pour lesquelles nous avons pu obtenir le nombre de manifestants. Il oscille entre 71 % (c'est-à-dire un ratio de 71 manifestants pour 100 habitants) à Grenoble ou à Rodez et seulement 3 % au Havre, voire 2 % à Hénin-Beaumont… En dépit des limites inhérentes à ce type de calculs, l'ampleur des écarts observés est telle que l'hypothèse selon laquelle l'unité nationale s'est exprimée avec une intensité très différente sur le territoire doit être retenue. On ne peut que s'interroger sur les facteurs de ces variations. La météo ne peut être invoquée dans la mesure où, ce week-end-là, elle fut assez homogène. La pluie à Annecy et à Chambéry n'empêcha pas un taux de mobilisation de respectivement 40 % et 35 %, alors que ce ratio ne fut que de 14 % à Reims, 12 % à Boulogne-sur-Mer ou 7 % à Dunkerque malgré de belles éclaircies[8].

À l'instar de la météo, la taille de la commune n'a pas joué sur l'intensité de la mobilisation – sauf pour Paris. Celle-ci n'a pas été proportionnellement plus forte dans les grandes métropoles ou, inversement, dans les petites villes, comme le montre le graphique ci-dessous.

Ratio entre le nombre de manifestants et le nombre d'habitants selon la taille de la commune

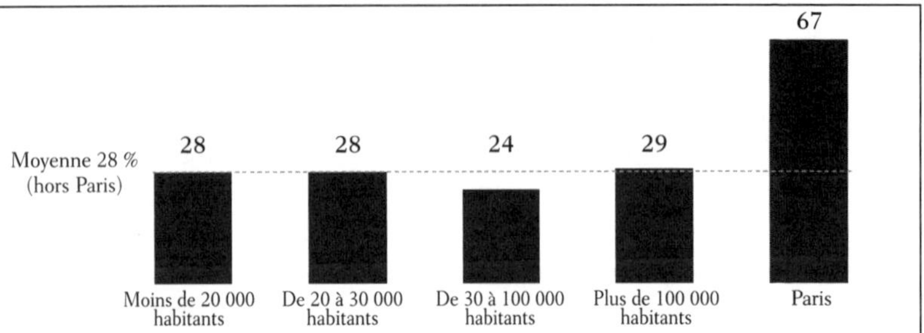

Dans les communes de moins de 20 000 habitants, on a compté en moyenne 28 manifestants pour 100 habitants.

Source : calculs Ifop sur la base de données communiquées par la presse et le ministère de l'Intérieur.

8. Si la météo n'a pas eu d'impact déterminant, il semble en revanche que le choix du jour ait eu une incidence. Sur toutes les villes de province (nous excluons Paris de nos calculs en raison de son poids démographique qui « fausse » les moyennes), il semble que le dimanche ait été plus propice aux défilés (ratio de 44 % dans les communes où les manifestions ont eu lieu ce jour-là) que le samedi (20 %), traditionnel jour des courses. La moyenne s'établit à 28 % sur l'ensemble des villes de province.

Mais, si la taille de la commune n'a pas joué sur la mobilisation, des clivages géographiques se font jour. Les villes de Rhône-Alpes (avec un taux moyen de 51 %), du Grand Ouest (35 % pour la Bretagne, les pays de la Loire et la Basse-Normandie) et du Sud-Ouest (36 % pour l'Aquitaine, le Midi-Pyrénées, le Poitou-Charentes et le Limousin) ont été à la pointe quand les communes méditerranéennes (19 % seulement pour la région PACA et le Languedoc-Roussillon) et surtout du Nord-Est (11 % pour la Picardie, la Champagne-Ardenne et le Nord-Pas-de-Calais) ont beaucoup moins participé à ce moment de communion nationale. Tout se passe donc comme si les mots d'ordre pourtant très fédérateurs des organisateurs n'avaient pas rencontré le même écho partout sur le territoire. Par-delà les images de foules gigantesques défilant derrière les mêmes slogans, l'unité nationale était en réalité quelque peu fissurée.

Une carte de la mobilisation qui renvoie en creux à celle du vote FN et de l'abstention

Cette ligne de fracture renvoie à une carte que nous connaissons bien. Il s'agit de celle du vote Front national[9]. Les régions à forte mobilisation sont les terres de mission du parti lepéniste. Inversement, les territoires qui se sont le moins mobilisés correspondent à ses bastions traditionnels. Le taux de mobilisation est fortement indexé sur le score de Marine Le Pen au premier tour de la présidentielle[10].

9. Voir les cartes consultables dans la note Ifop Focus n° 121, « Marche républicaine « pour Charlie » : des disparités de mobilisation lourdes de sens », janvier 2015.

10. Il n'existe en revanche pas de corrélation significative avec le vote Sarkozy, ce qui semble indiquer que l'électorat de droite ne s'est ni surmobilisé, ni sous-mobilisé.

Ratio entre le nombre de manifestants et le nombre d'habitants en fonction du score de Marine Le Pen à la présidentielle

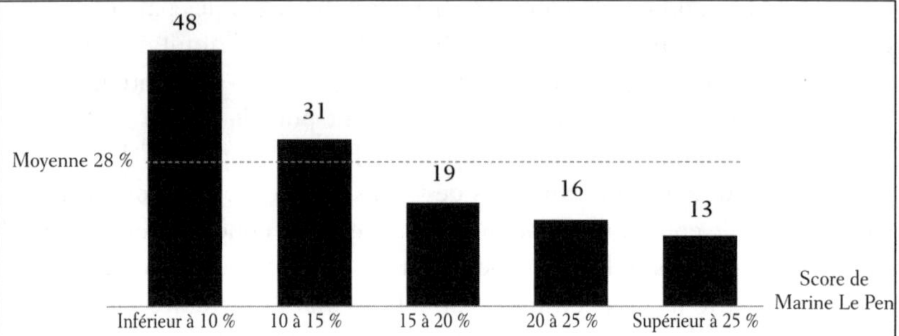

Dans les communes où Marine Le Pen a obtenu moins de 10 % à l'élection présidentielle, on a compté en moyenne 48 manifestants pour 100 habitants.

Source : calculs Ifop sur la base de données communiquées par la presse et le ministère de l'Intérieur.

Illustration symptomatique de cette corrélation, c'est à Hénin-Beaumont, ville conquise au premier tour des municipales par le frontiste Steeve Briois et fief de Marine Le Pen, que le taux de mobilisation a été le plus faible (2 %). Il s'est avéré également très bas à Lens (3 %), à Calais (4 %) et à Nice (8 %). Au regard de ces données, on peut penser que l'électorat du FN s'est moins mobilisé, sans doute en réaction au fait que les autres partis ne l'ont pas associé aux manifestations, et aussi parce que ces électeurs se sont moins reconnus dans les mots d'ordre (rappelons le tweet de Jean-Marie Le Pen : « Je ne suis pas Charlie, je suis Charles Martel »). Peut-être estimaient-ils aussi que ces manifestations relevaient d'une opération de communication politique masquant sous des slogans consensuels le sujet principal à leurs yeux : le péril islamiste. Nous y reviendrons.

Statistiquement, le désintérêt de l'électorat frontiste ne saurait cependant expliquer à lui seul le déficit de mobilisation dans ces villes. Une large partie de la population locale de ces communes s'est sans doute sentie moins impliquée et moins concernée par ce combat et ces valeurs communes et se montre plus désabusée sur l'avenir de la France. Ce n'est pas un hasard si le taux de mobilisation est corrélé négativement (mais un peu moins qu'avec le vote FN) avec le score du non au référendum de 2005. Les villes et les régions qui avaient le plus massivement voté contre le Traité constitutionnel européen sont, en moyenne, celles dont les citoyens sont les moins nombreux à être descendus dans la rue le week-end du 11 janvier. Après s'être fortement exprimés « contre » en 2005, la nécessité de se mobiliser « pour » leur a paru moins évidente. S'opposent ainsi une France qui a « décroché » et ne s'est pas sentie concernée par ce combat et une France qui va mieux, qui aborde l'avenir avec un regard plus positif et s'est bien plus mobilisée. Cette dernière correspond aux régions qui avaient voté oui au référendum de 2005 (Ouest, Rhône-Alpes et Paris), auxquelles s'ajoutent les métropoles universitaires (Grenoble : 71 % de mobilisation, Bordeaux : 59 %). Comme le montre le tableau suivant, toutes ces grandes villes universitaires ont davantage manifesté que les villes voisines de taille comparable.

Une mobilisation plus importante dans les villes universitaires

Villes universitaires	Ratio	Villes voisines	Ratio	Écart
Rennes	60 %	Nantes	28 %	+32 *points*
Nancy	47 %	Metz	37 %	+10 *points*
Rouen	32 %	Le Havre	5 %	+27 *points*
Tours	26 %	Le Mans	14 %	+12 *points*

Cette différence n'est pas liée au poids plus important de la jeunesse dans ces villes. En effet, les calculs montrent que le taux de mobilisation n'est pas indexé sur la structure démographique des communes. Elle repose sur le climat d'opinion spécifique qui y règne, leur plus grande ouverture, mais aussi, on le voit, sur leur attachement plus fort à la liberté d'expression et aux valeurs mises en avant dans les défilés.

Ces messages et ces slogans ont également davantage résonné dans les villes habituellement les plus civiques. C'est comme si descendre dans la rue à cette occasion était une autre façon de voter pour manifester sa citoyenneté active. On constate en effet une corrélation assez nette entre le taux de participation aux dernières élections européennes et le ratio de mobilisation du 11 janvier. Plus les citoyens se sont détournés des urnes en mai 2014 et moins ils se sont montrés enclins à battre le pavé pour défendre le pacte républicain et la liberté de la presse et pour dire non au terrorisme.

Bien que très puissant et spectaculaire, le sursaut citoyen n'a donc pas eu la même ampleur partout. Il n'a pas non plus arraché à l'anomie civique les pans entiers du territoire qui y sont plongés depuis des années.

Ratio entre le nombre de manifestants et le nombre d'habitants en fonction du taux d'abstention aux européennes

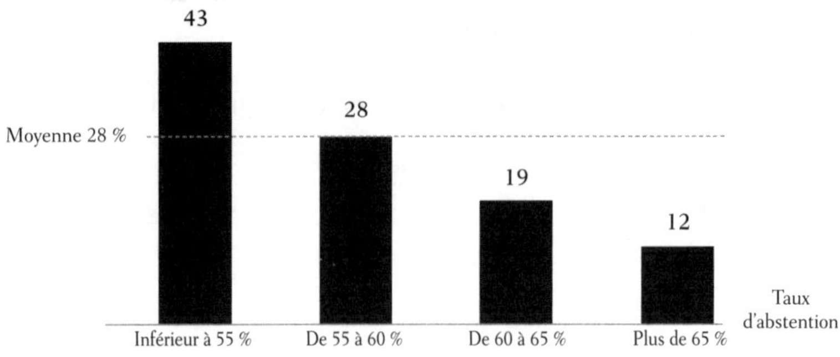

Dans les communes où l'abstention aux européennes a été inférieure à 55 %, on a compté en moyenne 43 manifestants pour 100 habitants.

Source : calculs Ifop sur la base de données communiquées par la presse et le ministère de l'Intérieur.

Les lignes de clivage préexistantes demeurent : la France du non, de l'abstention, la France frontiste ne s'est pas vraiment sentie Charlie. Attention donc à l'illusion d'optique. Les images de marées humaines du 11 janvier ne doivent pas laisser croire à un comblement de fractures profondes. Toute une partie des catégories populaires est restée à l'écart de ce mouvement. C'est sur la base de ce constat que nous avons entamé ce travail, au lendemain du 11 janvier. Nous avons décidé de croiser le regard du quantitativiste et celui du qualitativiste pour essayer de comprendre dans le détail la façon dont les milieux populaires façonnent leur conception de la France d'aujourd'hui ; comment les événements de janvier 2015, les attentats et la grande marche du 11 janvier sont intégrés à cette conception ; comment enfin ils peuvent favoriser leurs orientations électorales et leur rapport au FN.

Nous avons travaillé en menant des entretiens qualitatifs[11] approfondis auprès de personnes appartenant aux milieux populaires, se sentant vulnérables socialement et qui ont voté une seule fois pour le Front national ou envisagent de le faire. Nous n'avons interrogé ni des électeurs réguliers du Front national, ni des individus excluant radicalement ce vote. Le choix de se focaliser sur les milieux populaires a été dicté par le fait qu'ils constituent la partie de la société la plus sensible au processus que nous souhaitons étudier et représentent le cœur battant de l'électorat frontiste.

11. Nous avons réalisé 18 entretiens entre le 20 janvier et le 28 février 2015. Les personnes interrogées sont des hommes et des femmes âgés de 25 à 60 ans vivant en milieu urbain ou périurbain à Marseille, Rouen, Poitiers, Chartres, Lyon, Lille ou Montreuil. Aucune d'entre elles n'a de lien biographique avec la culture musulmane. Les analyses que nous produisons sont également alimentées par les études qualitatives que nous avons menées depuis deux ans sur les milieux populaires. Ces études portent sur des problématiques sociales : insécurité, incivilité, relations de service à la sécurité sociale, mobilité professionnelle, isolement et solitude en milieu périurbain, positionnement sur les thèmes de réforme (retraites, fiscalité) et climat social.

LA CONFIRMATION ET LE CONFORTEMENT

Nous cherchons donc à comprendre comment les événements de janvier 2015 ont pu modifier les conceptions de la situation qu'élaborent les électeurs de milieux populaires tentés par le vote FN. La relation qu'entretient ce public avec les événements – entendus comme faits sociaux – mérite quelques clarifications. Nous présenterons donc nos hypothèses sur le fonctionnement du couple actualité/événement avant d'entrer dans le vif du sujet : l'angle sous lequel les personnes interrogées appréhendent les événements de janvier 2015.

ACTUALITÉ ET ÉVÉNEMENT

Quand les gens parlent d'actualité, ils se réfèrent à plusieurs grands types d'événements. Les métaphores sonores permettent de rendre compte assez fidèlement du premier type[12]. C'est le ronronnement, le cliquetis, le bourdonnement des nouvelles (comme l'on disait), des infos, des *news* (comme on dit aujourd'hui). Micro-événements, microdiscontinuités (c'est la définition de l'information) qui se chevauchent, se concurrencent et finissent par s'enchevêtrer dans un bruit de fond médiatique, le bruissement[13] de l'actuel.

Ce substrat événementiel aux propriétés du continu est parfois déchiré par la saillance d'événements d'une autre échelle, capables de polariser

12. Avec « l'actualité », c'est en effet de l'occupation de l'aire de perception dont il est question avant le sens. Le son occupe l'espace auditif et se fait entendre sans obliger l'écoute.

13. *La considération des bruissements* relèverait d'une éthique sociale redevable à Roland Barthes et à David Banon.

les attentions publiques. Il s'agit du second grand type d'événements. Parmi eux, distinguons ceux qui sont attendus, discontinuités récurrentes, scansion du temps collectif : matchs de la Coupe du monde de football, échéances électorales ou fêtes de Noël. Surplombant le ronronnement micro-événementiel, ces événements sont attendus et néanmoins porteurs d'imprévus. Ils organisent, mobilisent la parole, les échanges, les débats. Ils peuvent apporter de bonnes surprises ou de brûlantes déceptions.

Signalons enfin les événements dont la survenue nous prend au dépourvu et remet en cause nos capacités collectives de prévisibilité, c'est-à-dire, *in fine*, notre intelligence du temps : les événements monstres[14]. Discontinuité, rupture, disjonction : sur le coup, l'événement monstre nous laisse pantois. La sidération dans laquelle il nous plonge nous rend muets, du moins pour un instant. Il suspend nos mots. Souvenons-nous de notre hébétement devant les vidéos de la destruction du World Trade Center diffusées en boucle. Être sidéré, c'est ne pas trouver les mots pour rendre compte de ce à quoi l'on est confronté.

À cette suspension momentanée du langage succède un déferlement de discours. Ce qui caractérise un événement monstre, ou événement-rupture, ce n'est pas tant l'existence d'un avant et d'un après, c'est le trou creusé qui rend un moment muet, ou plus précisément bredouillant. C'est ce trouble de la parole qui crée un avant et un après. Si l'on parle tant dans l'après, c'est pour suturer ce trou de parole. On connaît les trous de mémoire qui font flancher le rapport au passé. Dans le bredouillage et parfois le mutisme, le trou de parole, c'est l'appréhension de l'actuel qui échoue. L'événement-rupture révèle notre déficience : non pas tant d'avoir échoué à le prévoir ou à l'anticiper, mais tout simplement de ne l'avoir pas envisagé. Il révèle une carence réflexive sur nous, sur notre monde. C'est pour cela – phrase entendue dans un café – qu'« on reste comme des cons devant un truc pareil ». L'événement-rupture nous contraint à un aveu d'inanité. C'est sa force déstabilisatrice et c'est ce qui

14. Pierre Nora, « L'événement monstre », *Communications*, vol. 18, 1972, pp. 162-172.

pousse ensuite la parole à se déverser à n'en plus finir. Comment s'assurer que le trou de parole est suturé ? Dans le doute, il vaut mieux ajouter quelques couches supplémentaires. Il faut passer à autre chose. Faire retour au bruissement. Retour au bruit de fond. Ce n'est pas l'événement que l'on veut oublier, c'est notre bredouillage, la rupture de notre confiance en nous.

Les événements-ruptures ne sont pas les seuls à produire un avant et un après. C'est également le cas des passages de seuil. Aujourd'hui, la société française incline moins que jamais au consensus. Nous allons développer ce point et, disons-le tout de suite, désenchanter la vision de la grande marche qui, en ce 11 janvier 2015, a rassemblé quatre millions de personnes en France. La rupture provoquée par un événement ne résulte pas d'un caractère qui lui serait propre. Elle est liée à la relation qu'il entretient avec un collectif. L'événement fait rupture lorsqu'il désigne une incapacité d'un collectif à l'avoir envisagé[15]. Par conséquent, un même événement peut faire bredouiller certains et non d'autres. Nous allons voir à partir de ces considérations comment la partie de la population qui nous intéresse dans cette analyse appréhende les attentats de janvier 2015 et comment elle envisage la façon dont d'autres les perçoivent.

Dans les considérations sur l'événement que nous venons d'énoncer, nous retiendrons deux couples de notions : *continuité et discontinuité*, et *bruissement et événements monstres* (nous délaissons ici les autres types d'événements). Ces deux couples s'accordent terme à terme. Dans l'univers de l'actualité, le bruissement événementiel fonctionne comme une continuité. L'événement monstre relève de la discontinuité. Or, nous l'avons souligné, la discontinuité n'est pas dans l'événement mais dans la relation que cet événement entretient avec le collectif qu'il affecte. Plus le public a développé

15. De ce point de vue, d'ailleurs, un acte terroriste est un acte qui vise à montrer l'indigence symbolique. Les égorgements diffusés en vidéo sur Internet nous laissent sans voix, démunis. Nous sommes privés de toute voie d'accès à cette réalité pourtant bien présente (les vidéos sont *authentifiées* par des services spécialisés). Ce terrorisme est une façon de nous expulser de la réalité, de montrer qu'elle est trop *forte* pour nous. Ces actes *montrent* avant de démontrer. Leur intention est de nous mettre sous les yeux notre anomie. Il faut entendre l'étymologie latine de montrer, *monstrare*. Événement *monstre*.

de capacité d'anticipation, moins l'événement fonctionne sur le registre de la discontinuité. Inversement, moins le collectif s'est montré apte à envisager cet événement, plus celui-ci produira un effet de rupture.

Conclusion évidente mais déterminante pour la suite : pour un même événement, deux grandes entrées existent[16]. L'une est dominée par la continuité, l'autre par la discontinuité. L'entrée par la discontinuité n'évacue pas la continuité, au contraire. Plus la discontinuité est fortement ressentie, plus le rétablissement de la continuité apparaît comme un enjeu de sauvegarde collective. Inversement, l'entrée par la continuité peut s'accorder à une discontinuité, comme dans le cas du franchissement d'un seuil.

DEUX APPROCHES DES ATTENTATS

Ces considérations nous permettent de mieux comprendre comment le public populaire qui nous intéresse ici a vécu les attentats de janvier 2015. Examinons le schéma ci-dessous[17].

Continuité et rupture

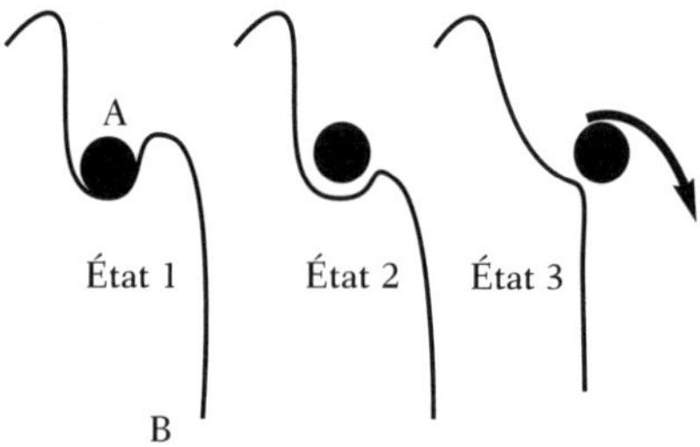

16. Deux entrées : on pourrait parler de *biais* ou d'*angle* sous lequel un événement est appréhendé.

17. Nous empruntons ce schéma à la théorie des catastrophes de René Thom : René Thom, *Stabilité structurelle et morphogénèse*, Paris, Interédition, 1977.

Considérons ce système constitué d'une bille A lovée dans un vallon B. Le vallon B évolue de façon continue de l'état 1 à l'état 3. La bille A ne bouge pas dans l'état 1 ni dans l'état 2. Le système bille/vallon est stable au sens où la bille reste en place tant que le vallon B n'atteint pas l'état 3. Jusque-là, pas d'événement. Le système est stable, on l'a dit, néanmoins il change. Le vallon continue d'évoluer au-delà de son état 2 et c'est son évolution jusqu'à son état 3 qui provoque la brusque chute de la bille A.

Notre hypothèse peut se résumer de façon simple. Pour les personnes auprès desquelles nous avons travaillé, les attentats de janvier 2015 s'inscrivent en continuité avec l'idée qu'ils se faisaient préalablement du monde. Si nous reprenons notre schéma, leur appréhension donne une valeur cognitive plus forte à l'évolution continue du vallon plutôt qu'à la chute abrupte de la bille. Le plus important dans les attentats, c'est qu'ils démontrent que la situation est bien celle qu'ils imaginaient et que le cours des choses a évolué dans le sens (négatif et inquiétant) qu'ils avaient diagnostiqué depuis longtemps. Cette conformité les conforte dans leur point de vue. Nous allons décrire maintenant les mécanismes de cette conformité et de ce confortement dans le détail. C'est en effet dans le détail que se dissimule la diabolique machinerie idéologique en marche.

Ces personnes voient aussi que les autres, ceux qui ne vivent pas les mêmes insécurités qu'eux, ceux qui n'ont pas la même expérience sociale, ne portent pas le même regard sur les attentats de janvier. Ils leur paraissent effarés, stupéfaits. Sur notre schéma, ceux qui ne sont pas aussi vulnérables entrent dans l'événement par la brusque chute de la bille. S'opposent ainsi deux visions : la première suit la continuité du vallon, la seconde la chute de la bille. Dans les deux cas, il est question d'un couple vallon/bille ou continuité/rupture, mais le rapport entre les termes de ce couple s'inverse.

L'APPROCHE DES ATTENTATS PAR LA CONTINUITÉ

« Il fallait s'y attendre » : le lien de nécessité

« Quand j'ai appris ça, ça m'a cassé. Non mais c'est fou, quoi. Bon, et en même temps finalement ça ne m'étonne pas avec tout ce qu'on voit, c'est normal si je puis dire, enfin c'est normal, on ne peut dire ça non plus parce que quand même. Disons que ce n'est pas étonnant mais c'est pas normal », nous dit Michel. Nous y voilà. Ce n'est ni étonnant ni normal. Il existerait donc une réalité qui n'étonne pas et qui n'est pas normale. Du banal pas banal. La personne qui prononce ces paroles est-elle si troublée qu'elle en devient incohérente ? A-t-elle perdu ses points de repère logiques ? Non. Pour lever cette apparente contradiction, il suffit de distinguer les deux significations du mot *normal* dans le langage courant. Il désigne la conséquence logique d'une réalité, comme lorsqu'on dit : « C'est normal de prendre froid quand on ne se couvre pas. » *Normal* indique aussi la conformité à ce qui doit être : « C'est normal que les enfants respectent leurs parents. » Conformité à une habitude, à des règles de vie partagées, à une loi morale, à la loi juridique... Bien entendu, les nuances sont nombreuses et tout ne se confond pas. Nous retiendrons cependant cette idée de conformité à ce qui devrait être. Pour Michel, les attentats, c'est normal, au sens où ils sont la conséquence logique de quelque chose que lui, Michel, a identifié et même diagnostiqué. « Attendez, fallait s'y attendre avec tout ce qu'on voit à la télé, les décapitations, les enlèvements des lycéennes en Afrique, les islamistes et même dans le quartier, ça a changé, on voit de plus en plus de femmes voilées, ça devait arriver. »

« Ça devait arriver », « C'est dans l'ordre des choses. » Nous retrouvons ces expressions dans les discours d'autres personnes interrogées, où elles sont souvent associées à la tournure suivante : « Il fallait s'y attendre. » « Ça devait arriver / Il fallait s'y attendre » : ces expressions permettent de mieux cerner la relation à ces événements sous deux aspects : le premier se rapporte à l'énoncé, le second à l'énonciation. Lorsqu'une personne énonce que ces attentats devaient avoir lieu et qu'il fallait s'y attendre, que dit-elle des attentats et, ce faisant, que laisse-t-elle supposer sur elle-même ?

Premier aspect concernant l'énoncé

Ce qui est arrivé devait arriver : les attentats sont considérés comme une suite nécessaire de ce qui se passait avant. Dans le discours, cet enchaînement relève soit de la causalité, soit de la sérialité. Registre de la causalité : « C'est à cause des caricatures. Les islamistes ne supportent pas ça, c'est interdit. C'est comme si on les injuriait et c'est à cause de ça qu'ils ont été tuer toutes ces personnes à *Charlie*. Mais c'est fou, on ne peut pas tuer des gens pour ça. » On notera que les attentats au magasin casher de la porte de Vincennes sont rarement évoqués spontanément. Nous reviendrons sur cette particularité, mais énonçons déjà que la relation de causalité s'établit alors au travers de la haine entre juifs et Arabes. Registre de la sérialité : ces attentats font partie d'une série d'événements du même ordre. « Ça continue, il y a eu Merah, et puis aussi en Belgique et je ne sais plus où encore, c'est une longue série. Ça veut dire qu'il y en aura d'autres, c'est pas fini. » Qu'elle soit causale ou sérielle, une relation nécessaire avec la situation précédente est établie. D'où la seconde affirmation qui nous intéresse ici : « Il fallait s'y attendre. » S'il existe une relation nécessaire entre ces attentats et la situation qui les précédait, il est logique qu'ils ne suscitent pas la stupéfaction. Mais, pour ne pas être stupéfait, il faut estimer avoir connaissance de ces relations de nécessité.

Second aspect concernant l'énonciation

En effet, lorsqu'une personne affirme que ces attentats étaient dans l'ordre des choses, elle affirme dans le même temps connaître cet ordre des choses. Ainsi, celui qui énonce la relation de nécessité se construit lui-même en tant que personne détenant un savoir.

Savoir d'en bas, expertise d'en haut

Lors des entretiens, les personnes que nous rencontrons commencent le plus souvent par insister sur la faiblesse ou l'absence de leur expertise : « Vous

savez, moi, je ne suis pas spécialiste… Ce que j'en dis c'est ce que je vois… » Au bout d'un moment, le ton change, les retenues s'estompent : « Je pourrais vous en raconter des choses, avec tout ce qu'on voit. » Ils assurent avoir des choses à dire, plus que des analyses à exposer. La situation est fort différente lorsque nous nous entretenons avec des militants, ce qui n'a pas été le cas dans le cadre de cette étude. La position à partir de laquelle ils prennent la parole est inverse. Le militant énonce des jugements en appliquant une grille d'analyse dont l'acquisition constitue à ses yeux une expertise. Celui qui a des choses à dire sans se référer à une expertise part à l'inverse de son expérience ordinaire, de sa vie quotidienne. Parmi les personnes rencontrées, mentionnons Pierre, syndicaliste CGT, dont le parcours politique oscille entre le Parti socialiste et la gauche de Mélenchon. Il se dit de culture et de sensibilité de gauche : « La gauche, ça a toujours été ma culture et celle de ma famille, ma femme aussi c'est pareil… » Mais, depuis plusieurs années, son opinion a évolué. « Les choses ont changé, franchement, moi, j'ai toujours été de gauche et j'ai toujours pensé qu'il fallait plus de justice et qu'il fallait aider ceux qui sont en difficulté. Mais là, je suis dégoûté. Je vois comment ça se passe pour avoir un logement à la mairie si vous arrivez en disant que vous avez cinq gosses et que vous êtes maghrébin ou noir, alors ça va marcher et pour moi c'est *niet*. Alors là ça va plus. On ne peut pas laisser faire ça. J'ai quitté le PS le jour où un mec m'a demandé ce qu'il fallait faire et je n'ai pas su quoi dire. En fait je ne savais plus. Avant, je savais.
– Et maintenant ?
– Maintenant on va voir, mais je sais qu'il ne faut pas continuer comme ça. »

À travers cet échange, on saisit le changement radical chez Pierre, qui nous dira dans la suite de l'entretien qu'il songe à voter pour Marine Le Pen à la présidentielle de 2017. Avant, il savait quoi répondre, maintenant, il ne sait plus bien. Avant, il avait des habitudes de pensée, des cadres ou des grilles d'analyse dont l'avait doté sa sensibilité de gauche. Il y a quelques années, il trouvait quel discours tenir par une démarche déductive : il appliquait une grille idéologique. Aujourd'hui, cette grille ne fonctionne plus et le prive du « confort déductif ». Il ne peut se faire une idée qu'en se référant à son expérience de la vie ordinaire, au diagnostic qu'il porte en son propre nom et non plus en celui de sa biographie de gauche. L'élaboration de ce diagnostic fait usage de l'offre idéologique de Marine Le Pen. Mais il n'y a rien de mécanique ; pas d'échange standard idéologique. Nous verrons comment certaines conversions s'opèrent.

Entendons le terme *expérience*[18] comme la façon dont les individus élaborent leur vision, se font une idée de la réalité dans laquelle ils vivent. Pour rendre compte de cette idée que l'on se fait de la réalité, nous avons proposé dans une étude précédente, portant elle aussi sur les milieux populaires, la notion de triple insécurisation[19].

Savoir populaire : la triple insécurisation

Insécurisation plutôt qu'*insécurité*. Ce qui est en jeu, ce n'est pas seulement un état d'insécurité, mais un processus de détérioration généralisée. Qu'une situation soit dégradée est une chose. Que cette dégradation ne fasse que s'accentuer en est une autre : l'insécurisation est nettement plus inquiétante. Voilà pour la définition. Et cette insécurisation est triple : physique, économique et culturelle.

L'insécurisation physique ne renvoie pas tant à la certitude d'être agressé qu'à l'incertitude de ne pas l'être. C'est à un régime d'imprévisibilité du danger que renvoie le *sentiment d'insécurité*. L'imprévisibilité est en soi déstabilisante. La prévisibilité est une propriété culturelle, elle est l'autre nom des habitudes. Elle est donc ce qui tisse. À cet égard, on notera qu'opposer des statistiques démontrant une absence de risque à ce que l'on nomme le sentiment d'insécurité ne peut rassurer. S'il est une chose dont un individu est sûr, c'est de ce qu'il ressent. C'est un peu comme si l'on tentait de convaincre

18. John Dewey, *Reconstruction en philosophie* (trad. P. Di Mascio), *Œuvres philosophiques I*, Pau/Paris, PUP/Farrago/Éd. Léo Scheer, 2003 [1920].

19. Alain Mergier et Jérôme Fourquet, *Le Point de rupture. Enquête sur les ressorts du vote FN en milieux populaires*, Paris, Fondation Jean-Jaurès, 2011.

une personne qu'elle a tort d'avoir froid en lui montrant un thermomètre. Le seul effet est de rassurer le donneur de leçons en qualifiant le frileux d'irrationnel.

Voici maintenant un témoignage illustrant l'*insécurisation économique* : « Quand mon mari a enfin eu son contrat en CDI, j'ai pu prendre un congé parental pour ma fille qui avait un an juste. Et le problème, c'est qu'il n'y a pas de crèche, donc soit mon mari s'en occupait, soit moi. Du coup, j'ai lâché mon travail mais le problème c'est que mon mari c'est à la SNCM qu'il travaille et là ça va mal, très mal… On se sent abandonné par tout le monde, par les politiques, par les patrons. Je ne sais pas comment faire, il va perdre son boulot, c'est sûr, et pour retrouver quelque chose, ça va prendre des mois… Moi je vais chercher, mais c'est pareil » (Annie, région lyonnaise). Ou bien : « La maison est à crédit, on en a pour 25 ans encore, ce qui me fait peur c'est qu'on y arrive juste, juste. Si demain ma femme perd son boulot, ou moi, ou si elle retrouve un truc à mi-temps, ça passe plus. On peut plus y arriver. Les remboursements du crédit, aujourd'hui, ça nous bouffe tout. Si on gagne juste un peu moins, ça le fait plus, et alors là c'est la cata. Obligés de vendre et on perdra, et ensuite pour aller où ? » (Jean-Michel, région de Rouen).

Avec l'insécurisation économique, nous retrouvons la notion d'imprévisibilité : je ne peux rien prévoir, donc je ne peux pas me projeter dans le temps, dans le futur. L'insécurisation économique, c'est l'amputation de l'avenir. Depuis la crise financière de 2008, l'insécurisation économique est mise en rapport avec la perception d'un changement radical. Les marchés financiers transnationaux ont pris le pouvoir. Ce sont eux qui dictent leur loi aux économies et aux États. Pour ce public, l'histoire de la Grèce depuis cinq ans illustre le pouvoir de la finance et désigne l'Europe comme sa courroie de transmission. L'hégémonie des marchés financiers est l'autre nom de la mondialisation qui détruit des emplois, mène des entreprises à la faillite, met en péril le modèle social français et ravage des régions entières. Pour ces électeurs qui, rappelons-le, ont refusé en 2005 le traité pour la Constitution européenne, l'Europe, loin de protéger, expose à la mondialisation.

Insécurisation économique, frontière et crise institutionnelle

Ce qui devait protéger expose : pour les milieux populaires français, ce basculement est au cœur de la crise institutionnelle de l'Europe. Il ne s'agit pas d'une perte de confiance. Suivons une analogie que Jean-Marc nous a proposée lors d'un entretien : « Un médecin qui vous empoisonne, un flic qui fait des cambriolages, vous en pensez quoi ? » Un policier qui commet des cambriolages provoque bien plus qu'une perte de confiance : il suscite un sentiment de trahison, de la colère, une envie de révolte[20].

Le basculement institutionnel dans le rapport à l'Europe s'illustre dans la relation entretenue avec la notion de *frontière*[21], qu'il faut entendre dans toute sa densité signifiante : imaginaire de l'identité, effectivité de la maîtrise, symbolicité de l'unité. Avoir le sentiment que les frontières deviennent poreuses, c'est comme imaginer que le sol s'effondre. Toute institution politique, tout État, toute nation et, *in fine*, la République sont entraînés dans une irrémédiable dislocation.

Abordons enfin l'*insécurisation culturelle*, qui d'ailleurs entretient un lien intime avec la notion de frontière. Cette expression pose de nombreux problèmes. Pour en comprendre la portée dans la vie ordinaire des milieux populaires, procédons à une analogie simple. Imaginons un individu immergé dans un village dont la culture est tout autre que la sienne et dont il n'a aucune connaissance. Il ne saura pas comment se mettre en relation avec les autres, se comporter, se présenter, faire bonne figure, garder ses distances, respecter les autres, etc. La vie pratique, ordinaire, quotidienne, les moindres gestes

20. Interrogé dans *Libération*, Jean-Pierre, petit agriculteur de l'Aisne, explique : « On est sur le dos, comme on dit chez nous. On ne s'en sort plus. Nous autres, ce qu'on veut, c'est foutre cette Europe en l'air qui nous bouffe jusqu'au trognon. [...] L'Europe, ce serait bien si tout le monde gagnait la même chose. Là faut fermer les frontières. » Christophe Forcari, « FN : l'Aisne, un bastion de dynamite », *Libération*, 25 mars 2015.

21. Selon une enquête Harris Interactive, 64 % des Français, parmi lesquels 76 % des ouvriers et employés, estiment que les frontières entre la France et les autres pays ne sont pas assez contrôlées. Enquête réalisée sur Internet pour Grenoble – École de management du 17 au 19 février 2015 auprès d'un échantillon national représentatif de 1 029 personnes.

deviennent problématiques. Cette personne ne pourra pas s'appuyer sur des habitudes, des routines, des évidences... Elle ne se sentira pas « chez elle ».

L'insécurité culturelle[22] telle que nous l'entendons ici est la fragilisation de ce qui fait la fluidité de la vie ordinaire, son évidence : l'ensemble des règles implicites ou explicites grâce auxquelles les interactions avec l'environnement de tous les jours ont de grandes chances de s'accomplir avec succès. Ces règles qui permettent de tisser le support, le sol de la vie quotidienne d'une communauté sont les manifestations de valeurs partagées. Ainsi, les valeurs n'apparaissent pas dans la vie quotidienne comme des abstractions, mais au contraire sous l'aspect pragmatique d'habitudes de la vie ordinaire. Elles sont donc extrêmement importantes. Qu'elles n'aillent plus de soi ou, pire, soient remises en cause au profit d'autres valeurs et règles de conduite « importées », crée un trouble intense, insupportable. De nombreux Français, notamment dans les milieux populaires, éprouvent aujourd'hui cette insécurité culturelle et ne se sentent plus « chez eux ». Et ce n'est d'ailleurs pas un hasard si, depuis quelques années, le slogan le plus en vogue dans les meetings et les défilés du Front national n'est plus « La France aux Français » mais « On est chez nous ». Pour les frontistes, la question n'est plus de réserver un certain nombre de droits aux nationaux face aux immigrés, comme c'était le cas dans les années 1980. Elle est d'exiger, dans une société devenue multiculturelle, où les enfants d'immigrés ont fait souche et disposent de la nationalité française, que ce soient « nos règles » qui s'appliquent et non pas « eux qui imposent les leurs ».

Ces trois insécurisations n'ont pas qu'un effet cumulatif. Elles renvoient les unes aux autres. Elles s'organisent dans les raisonnements des personnes que nous avons interrogées. Elles forment un système dans lequel l'insécurisation culturelle tient une place particulière : c'est elle qui interprète les autres, qui en étend le sens. Le registre culturel a en effet une double fonction dans ce système formé par les trois insécurités.

22. Laurent Bouvet, *L'Insécurité culturelle*, Paris, Fayard, 2015.

— Il produit un effet de cohérence entre des registres de nature différente : le danger physique, le danger économique, les perturbations dans les habitudes de vie.
— Il inscrit l'expérience du quotidien dans une perspective de plus long terme. Les insécurités du quotidien prennent sens en tant que parties d'un tout : l'insécurisation de la nation. L'espace-temps de l'expérience personnelle, le quotidien / la proximité, sont alors intrinsèquement liés à l'espace de la nation plongée dans une mondialisation qui échappe à l'individu.

Si, face aux attentats, Francis comme d'autres personnes que nous avons rencontrées n'est pas « si étonné que ça », c'est que ces événements sont conformes à l'idée qu'il se fait de la situation du pays, conformes à son expérience personnelle. Cette conformité conforte et même aggrave le diagnostic d'insécurisation que la population étudiée portait déjà sur la réalité avant les attentats.

Confirmation du diagnostic : l'établissement des faits

Le fait que les attentats s'inscrivent dans la conception que ces personnes ont du monde produit deux effets.

1) Ces événements apparaissent comme la vérification du diagnostic posé préalablement – parfois depuis plusieurs années. Il faut entendre « vérification » au sens que John Dewey donne à ce terme[23]. Les attentats vérifient l'insécurisation culturelle : ils la réaffirment comme vraie. Se met en place un mécanisme d'établissement des faits qui consiste à donner à un point de vue subjectif, toujours opposable, un statut de réalité objective. « Je n'invente rien, il faut regarder les choses… les faits sont là », « À un moment, il faut regarder les choses en face », « Les faits parlent d'eux-mêmes », « Force

23. Avoir une idée, se faire une idée de la réalité, c'est précisément expérimenter cette idée, la confronter au « surplus » de réalité qui est délaissé dans cette idée : « "Vrai" signifie "vérifié" et rien d'autre », Gérôme Truc, « Introduction », in John Dewey, « La réalité comme expérience », *Tracés. Revue de Sciences humaines* [En ligne], 9 | 2005, mis en ligne le 1er février 2008.

est de reconnaître… » : ce processus est central dans la façon dont les nouveaux électeurs du Front national mettent entre parenthèses des pans entiers d'une sensibilité politique construite ou héritée. « Les faits sont là » : ce n'est pas moi qui le dis. « Force est de reconnaître » : je ne peux que souscrire à cette description de la réalité même si elle heurte mes convictions. Je suis contraint par le mécanisme d'établissement des faits que je mets en place.

2) En donnant raison au diagnostic préalable, les attentats donnent tort à ceux qui ne le partagent pas. Une séparation s'opère donc entre ceux qui ont raison de pointer le danger culturel (ou identitaire) et ceux qui ont tort de le méconnaître ou de le sous-estimer. Pour les personnes que nous avons interrogées, cette séparation suit la ligne de fracture entre ceux qui sont fragilisés, vulnérabilisés, insécurisés, et les autres. Le divorce entre ceux d'en haut et ceux d'en bas change alors de nature. Il séparait ceux qui vivent en insécurité et les autres. Il oppose aujourd'hui la clairvoyance d'en bas et la myopie d'en haut ; ou, pour reprendre une expression sur laquelle nous reviendrons, ceux qui regardent la réalité en face et ceux qui n'osent pas[24].

Développement/déploiement du diagnostic : l'élaboration de l'islamisation

À partir de sa vérification que nous venons de décrire, l'insécurisation culturelle change de statut dans les raisonnements des personnes auprès desquelles nous avons travaillé. En 2011, elle désignait l'aboutissement d'une réflexion sur l'expérience sociale vécue par ce public[25]. Aujourd'hui vérifiée, cette insécurisation constitue un fondement à partir duquel peut se développer une réflexion plus englobante en termes de temps et d'espace. Elle permet au diagnostic jusque-là parcellaire que les milieux populaires les plus vulnérables

24. Bébert, petit jockey de Chantilly interrogé par une journaliste du *Monde*, exprime la même idée : « La gauche est totalement déconnectée de la réalité. C'est à cause de son laxisme que la situation est explosive ». Citation extraite d'un article d'Annick Cojean, « À Chantilly, le Front national au pas de course », *Le Monde*, 29 mars 2015.

25. Alain Mergier et Jérôme Fourquet, *op. cit.*

portent sur leur condition actuelle de s'étendre à la France, voire à l'Europe, en replaçant le présent dans un mouvement historique. La vérification du diagnostic préalable fournit la base d'un élargissement du point de vue qui passe par une reconfiguration de la mémoire événementielle. À travers cette opération, les personnes relient les attentats de janvier à d'autres événements du passé gardés en mémoire.

AU CROISEMENT DES QUATRE SÉRIES ÉVÉNEMENTIELLES : LA CRISTALLISATION D'UNE IDÉOLOGIE

Les événements que notre public met en relation avec les attentats de janvier peuvent être rangés dans quatre séries possibles :
— série 1 : l'historique du terrorisme,
— série 2 : l'historique de la crise des banlieues,
— série 3 : la géopolitique de l'islamisme,
— série 4 : l'épidémie djihadiste.

SÉRIE I. HISTORIQUE DU TERRORISME

La menace terroriste a changé de nature

Parcourons d'abord ce qui, depuis trois ans, a constitué la trame événementielle du terrorisme et examinons ses effets sur l'opinion. Elle avait révulsé, sidéré, mais l'affaire Merah n'avait pas d'emblée été considérée comme un acte terroriste. Fait divers terrifiant, elle mettait en scène un « loup solitaire et haineux » : pas de réseau, pas d'organisation structurée, pas de commanditaire étranger.

Le basculement s'opère à l'automne 2012, avec le démantèlement de la cellule de Cannes-Torcy[26]. Au mois de mars précédent, quelques jours après l'équipée sanglante de Merah, seuls (si l'on peut dire) 53 % des Français estimaient que la menace terroriste était importante. Quelques mois plus tard, en octobre de la même année, à l'occasion de l'arrestation de douze membres de cette cellule dans différentes villes de France, cette proportion grimpe subitement à 71 %, soit le deuxième plus haut niveau depuis octobre 2001, après celui de mai 2011 lors de la mort d'Oussama ben Laden et de l'attentat de Marrakech. Alimentée par les attentats lors du marathon de Boston et l'attaque du musée juif de Bruxelles, cette perception très répandue de l'existence d'une forte menace ne se dissipera plus.

Courant 2014, les autorités communiquent le fameux chiffre des 1 000 ressortissants français engagés dans le djihad en Irak et en Syrie. Les chiffres se succèdent et donnent la mesure de l'ampleur du phénomène. Le 12 janvier 2015, le Premier ministre estime à 1 400 le nombre de Français ou de personnes résidant en France « concernées par les départs pour le djihad, pour le terrorisme, en Syrie et en Irak [...], une augmentation majeure en peu de temps ». 161 procédures judiciaires concernant 547 individus étaient en cours, contre 70 procédures impliquant 350 personnes en septembre 2014[27].

Sur la base de ces chiffres impressionnants, la menace devient plus réelle, mais aussi plus diffuse et permanente. Sa perception s'intensifie encore en décembre 2014 : 80 % des Français jugent la menace terroriste forte après les agressions de Joué-lès-Tours et de Dijon. Le terrorisme peut frapper à chaque coin de rue et prendre le visage d'individus autoradicalisés. L'isolement

26. À la suite d'une attaque à la grenade contre une épicerie casher de Sarcelles en septembre 2012, un vaste coup de filet a lieu en octobre 2012 dans différentes villes (Cannes, Torcy et Strasbourg). Il aboutit à l'arrestation d'une douzaine de personnes et au décès de Jérémy Louis-Sidney, le leader de ce groupe.

27. L'idée, déjà bien ancrée, selon laquelle nous sommes confrontés à un phénomène connaissant une croissance exponentielle est confortée par la diffusion d'autres statistiques officielles. Moins de trois mois plus tard, on apprend par un rapport sénatorial publié le 7 avril dernier que 1 500 Français ont quitté le pays à destination des zones de djihad en Syrie et en Irak, ce chiffre étant en augmentation de 84 % par rapport à janvier 2014.

du terroriste ne s'oppose plus à son affiliation djihadiste. L'affiliation « convictionnelle » s'autonomise du réseau organisationnel. Ce mouvement répond à un nouveau mode opératoire, le « terrorisme de proximité » formulé par Abou Mohammed al-Adnani : « Si vous pouvez tuer un incroyant américain ou européen – en particulier les méchants et sales Français – ou un Australien ou un Canadien, ou tout [...] citoyen des pays qui sont entrés dans une coalition contre l'État islamique, alors comptez sur Allah et tuez-le de n'importe quelle manière [...]. Frappez sa tête avec une pierre, égorgez-le avec un couteau, écrasez-le avec votre voiture, jetez-le d'un lieu en hauteur, étranglez-le ou empoisonnez-le. » Cette déclaration du porte-parole de l'État islamique fit le tour des médias car elle entrait en résonance avec toute une série d'événements récents. En effet, en mai 2013, à La Défense, un homme en djellaba agressait au cutter un soldat patrouillant dans le cadre du plan Vigipirate[28]. En mai 2014, Mehdi Nemmouche assassinait plusieurs personnes au Musée juif de Bruxelles. En fin d'année, un homme attaquait avec un couteau le commissariat de Joué-lès-Tours en criant « Allah Akbar ». À Dijon, un autre fonçait dans la foule au volant de son véhicule. Enfin, les 7, 8 et 9 janvier derniers, les frères Kouachi et Amedy Coulibaly passaient à l'action. La série s'est poursuivie avec, le 3 février 2015 à Nice, l'agression au couteau de trois militaires en faction devant un centre communautaire juif dans le cadre du plan Vigipirate. L'auteur présumé, dénommé également Coulibaly, était connu comme délinquant et se serait rendu en Turquie peu de temps auparavant.

Tous ces événements sont venus acter le changement de perception déjà à l'œuvre depuis trois ans. Les sommets que la perception de la menace terroriste atteint après les attentats de Paris (93 % des personnes interrogées la jugent importante[29]) ne sont que l'aboutissement de son évolution continue depuis l'automne 2012, comme le montrent les données du baromètre sur la perception de la menace terroriste.

28. Cette attaque survient trois jours seulement après le meurtre à l'arme blanche d'un militaire britannique en pleine rue à Londres, un événement qui a été abondamment commenté dans les médias.

29. Sondage Ifop pour *L'Édition du soir* cité page 8.

L'évolution de la perception de la menace terroriste

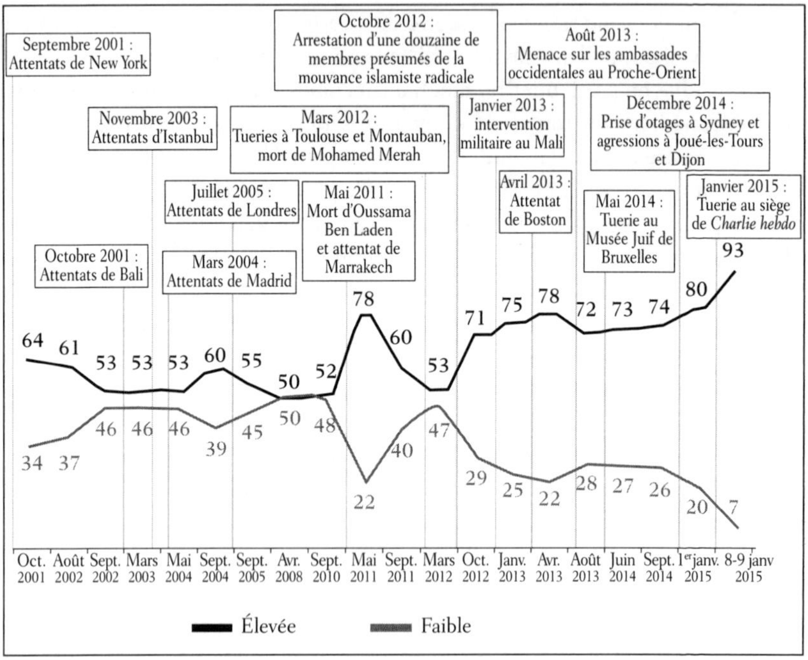

Source : sondage Ifop pour l'*Édition du soir*, 9 janvier 2015.

De la même façon, dans un sondage Ifop pour *Paris Match* réalisé les 11 et 12 décembre 2014, soit un mois avant les attentats, « la montée de l'islamisme radical » apparaissait très nettement comme le fait le plus anxiogène de l'année. Ce phénomène suscitait l'inquiétude de 89 % des Français[30], loin devant la crise en Ukraine (70 %), le virus Ebola (68 %) ou la montée de l'extrême droite en Europe (64 %).

30. Dont 57 % se déclaraient « tout à fait inquiets ».

Que reste-t-il de cette trame événementielle ?

Les chiffres des sondages que nous venons de citer montrent l'impact des événements sur l'opinion. Cette histoire récente du terrorisme a *marqué* l'opinion des Français tout au long de son déroulement. De manière intermittente mais régulière, ces faits ont mobilisé l'attention publique puis, un clou chassant l'autre, l'opinion s'est tournée vers d'autres thématiques traitées par les médias. On peut alors se poser la question suivante : que reste-t-il de ces événements ?

L'expression d'*événements marquants* prend ici tout son sens. Les événements marquent, ils laissent des impacts, des *traces*. Leur *empreinte* persiste dans le temps. Un événement marquant n'est pas nécessairement un événement-rupture. Un événement-continuité qui synthétise ce qui le précédait laisse aussi une *marque* dans la mémoire. Les personnes interrogées mobilisent des souvenirs de manière parfois très laconique, comme dans l'échange que nous avons eu avec Martine, de Marseille :

> « Ces attentats, ça me fait penser à ce qui se passe depuis des années un peu partout.
> – Mais à quoi pensez-vous ?
> – Je ne sais pas, ça me revient pas là, mais ça n'arrête pas, il y a ces horreurs, les vidéos des otages qui se font égorger, ça c'est il n'y a pas longtemps… Mais même avant, il y a eu plein de choses… »

Parfois, les souvenirs sont énoncés de façon plus explicite. Mais, qu'ils soient confus ou clairs, ils sont mobilisés dans le discours présent. Confrontés à une actualité comme les attentats de janvier, ils sont *appelés*[31], extirpés d'une mise en veille. L'expérience de l'actualité fonctionne comme un moteur de recherche[32]

---

31. Nous reprenons ici le terme employé par Paul Ricœur. Nous ne pouvons ici qu'évoquer un travail en cours sur le rapport entre l'opinion, l'actualité et la mémoire.

32. J'emprunte cette expression à Rémy Besson, « Mnèmè et anamnèsis – Paul Ricœur », Carnet de recherche *Cinémadoc*, 14 juillet 2010.

qui explore les archives de traces laissées par les expériences médiatiques passées dans nos mémoires. On pourrait, si l'on filait la métaphore informatique, parler de mémoires vives d'ordinateurs régulièrement sollicitées.

Dans les entretiens que nous avons menés, nous observons trois registres de traces laissées par les événements marquants. *Le premier registre est celui du flou*. Lorsque nous avons un vague souvenir de ce qui s'est passé, restent des impressions. Le caractère imprécis de ces traces ne leur ôte rien de leur force de remémoration, au contraire. Des événements passés, elles font ressurgir ce qui a été ressenti[33]. Ainsi, l'affaire Merah est souvent évoquée sans être nommée, sans que la personne puisse décrire ce qui s'est passé avec exactitude. Pour autant, il reste quelque chose de cet événement, la trace d'une violence, de quelque chose d'inhumain *associé* à une personne d'origine immigrée. « Je ne sais plus exactement mais ça n'a pas arrêté. En fait, faut regarder les choses, on a sans cesse des problèmes avec toujours les mêmes gens. » Le flou des impressions que livre le passé conduit à la radicalité tranchante du propos. Nous pourrions nous demander si ce n'est pas le flou qui dilue la singularité d'un fait, facilitant la généralisation.

Se construit année après année une sédimentation confuse d'inquiétudes enchevêtrées plus ou moins ensevelies. Aucune des personnes auprès desquelles nous avons enquêté n'est capable de dresser la liste suivante.

Chronologie des principaux événements terroristes depuis le 11 septembre 2001

— Septembre 2001 : attentat de New York
— Mars 2004 : attentat de Madrid
— Juillet 2005 : attentat de Londres
— Mai 2011 : mort d'Oussama Ben Laden et attentat de Marrakech

33. « Mais, quand d'un passé ancien rien ne subsiste, après la mort des êtres, après la destruction des choses, seules, plus frêles mais plus vivaces, plus immatérielles, plus persistantes, plus fidèles, l'odeur et la saveur restent encore longtemps, comme des âmes, à se rappeler, à attendre, à espérer, sur la ruine de tout le reste, à porter sans fléchir, sur leur gouttelette presque impalpable, l'édifice immense du souvenir. » Marcel Proust, *Du côté de chez Swann*, 1913, rééd. Paris, Gallimard, « Folio classique », 1988.

— Mars 2012 : tueries de Toulouse et Montauban, mort de Mohamed Merah
— Octobre 2012 : arrestation d'une douzaine de membres présumés de la mouvance islamiste radicale
— Avril 2013 : attentat de Boston
— Mai 2014 : tuerie au Musée juif de Bruxelles
— Décembre 2014 : prise d'otages à Sydney et agressions de Joué-lès-Tours et Dijon
— Janvier 2015 : tueries de *Charlie hebdo*, de Montrouge et de la porte de Vincennes.

Lorsque, dans le cadre des entretiens, nous leur soumettons cette liste, la plupart reconnaissent nombre des faits qui y sont mentionnés. Que certains de ces événements leur reviennent en mémoire n'est pas l'important. Ce qui produit du sens, c'est que cela leur apparaît comme autre chose qu'une liste d'événements. « Je ne me souviens pas de tout ça, c'est certain… mais je savais qu'il s'était passé plein de choses. On ne peut pas tout retenir… mais on sait quand même que ça n'arrête pas depuis quelque temps… C'est impressionnant quand même ! En fait ça n'arrête pas… c'est à jet continu. »

L'inscription des attentats de janvier 2015 à Paris dans l'historique des actes terroristes produit un effet propre à la série. L'histoire qui se constitue au travers de la série n'est pas seulement une addition d'événements : c'est un tout et ce tout a des propriétés, il produit des affects. Il est animé d'une *pulsation*. Quelque chose se répète à l'*identique* à travers la différence des faits. Cette *insistance inquiétante* a aujourd'hui un nom : l'islamisation[34]. Ce développement nous semble important pour souligner que la question de l'islam, de l'islamisation, de l'islamophobie résulte de l'*élaboration* d'une expérience événementielle de l'histoire récente, et non d'un racisme ou d'une xénophobie sous-jacents surgissant d'une prétendue (implicite) essence du populaire.

34. La majeure partie de notre terrain d'enquête s'est déroulée avant les attentats de Copenhague et du Bardo à Tunis, événements qui sont sans aucun doute venus par la suite nourrir ce ressenti.

Le deuxième registre est celui des faits ou, pour être plus précis, de ce qui est *considéré* comme des faits. « Il y a eu aussi un militaire qui s'est fait attaquer au couteau. Comme ça, tout d'un coup. Ils marchent dans la rue et un barbu lui fonce dessus et le poignarde. Avant, c'était des bombes dans le métro mais c'est plus ça… Ah si… Dans un musée en Belgique, ils ont tué des gens à la kalachnikov… J'allais l'oublier, celui-là. Mais je ne me souviens pas de tous. Faudrait regarder sur Google… » (Gaétan, Montreuil). Merah apparaît aussi sous ce registre : « C'était il y a quatre ou cinq ans à peu près. Un homme qui poursuit des enfants et les tue avec une arme à feu. Et il a filmé aussi, je crois. » Notons que le caractère antisémite de cet acte ne ressort pas dans nos entretiens. Cet effacement se répète lorsque les attentats de janvier 2015 sont évoqués. La puissance du slogan « Je suis Charlie » escamote ce qui était déjà labile : la reconnaissance des juifs comme cible privilégiée des attentats djihadistes.

Le troisième registre se rapporte à ce qui, à travers l'événement marquant, est porteur de son interprétation. L'exemple type est la façon dont est évoqué aujourd'hui l'attentat du Word Trade Center. Il apparaît comme un acte terroriste monumental, une monumentalité indiquant aussi bien la démesure que le caractère symbolique de l'événement. Les attentats de janvier 2015 *rappellent* la succession de vidéos montrant l'exécution d'otages et diffusées par l'État islamique. « Là, c'est le summum de la barbarie ! Ils font des vidéos pour montrer les gens qu'ils égorgent. Pour la religion de l'islam. C'est insupportable. Ces gens ne sont plus humains. Ils nous en veulent à mort… Ils veulent nous terroriser, nous détruire… Ils sont vraiment un danger » (Nicole, Rouen). Les attentats de janvier gagnent en barbarie par leur association à la succession d'atrocités mises en scène dans les vidéos de l'État islamique. « Ce sont les mêmes, ils tuent en France à la kalach, demain ils égorgeront devant une caméra » (Étienne, région lilloise).

SÉRIE II. HISTORIQUE DE LA CRISE DES BANLIEUES

Parallèlement à leur inscription dans l'historique des actes terroristes djihadistes, les attentats de janvier sont rattachés à une autre série : celle des problèmes des banlieues. La mise en série d'événements de nature distincte ne s'opère pas tant par une réduction ou par une évacuation des aspects qui les rendraient incompatibles. Ce qui s'opère est plutôt un traitement de ces différences. Ainsi, certaines personnes interrogées associent aux attentats de janvier 2015 les émeutes de banlieue de 2005, les trafics d'armes et de drogue, les incivilités... « Merah, c'était la même chose. Les gens disaient que c'était un mec seul, un fou dans son coin, mais en fait il est pas sorti de nulle part non plus » (Nicole, Rouen). « C'est le pourrissement des banlieues, ça ne peut rien produire de bien... On le voit, ça empire, y a plus de contrôle possible. Même les flics ne peuvent plus y aller » (Antoine, Chartres). Depuis les émeutes de 2005, le discours sur les violences des banlieues se consolide autour du constat alarmé qu'il existe des zones de non-droit. Les causes « sociales » sont délaissées au profit de l'évocation de bandes organisées et de trafics. La hiérarchie des représentations se stabilise à partir des affrontements de Trappes à l'été 2013, comme le montre le tableau suivant.

La perception des causes des violences en banlieue

Question : parmi les raisons suivantes, quelles sont celles qui, selon vous, peuvent le plus expliquer les épisodes de violence dans les banlieues ? (deux réponses possibles)

	Rappel octobre 2006[35] 11 mois après les émeutes de Clichy-sous-Bois (%)	Rappel février 2008[36] 2 mois après les émeutes de Villiers-le-Bel (%)	Rappel juillet 2013[37] 2 semaines après les événements de Trappes (%)	Ensemble Janvier 2015 (%)
La présence de bandes organisées et le trafic de drogue	29	37	46	40
La démission des parents	44	42	35	35
La présence d'un nombre important d'immigrés dans ces villes ou quartiers	23	22	32	29
Le chômage des jeunes	33	25	28	27
Les défaillances du système éducatif	14	14	14	17
Les discriminations vécues par les habitants de ces quartiers	11	14	6	12
Le manque de mixité sociale	NP*	9	7	9
Le manque de moyens alloués aux associations et la présence insuffisante de travailleurs sociaux	10	10	6	6
Le logement et l'urbanisme des quartiers concernés	7	8	5	5
Les tensions entre les jeunes et la police	11	13	7	3

*NP : item non posé.

35. Sondage Ifop pour la Délégation interministérielle à la Ville réalisé par téléphone du 28 septembre au 5 octobre 2006 auprès d'un échantillon de 1 006 personnes représentatif de la population française âgée de 18 ans et plus.

36. Sondage Ifop pour *Le Figaro* réalisé par questionnaire auto-administré en ligne les 4 et 5 février 2008 auprès d'un échantillon de 1 023 personnes représentatif de la population française âgée de 18 ans et plus.

37. Sondage Ifop pour Atlantico.fr réalisé par questionnaire auto-administré du 29 au 31 juillet 2013 auprès d'un échantillon de 1 005 personnes représentatif de la population française âgée de 18 ans et plus.

La défaite du droit : l'émeute et l'ordinaire du non-droit

Pour les personnes que nous avons rencontrées, la violence des banlieues signe la défaite du droit. La défaite s'exprime selon deux types de récits : *l'ordinaire du non-droit* et la crise. L'ordinaire du non-droit, ce sont les récits, rapportés par les médias ou liés à des expériences personnelles, qui mettent en scène des trafics d'armes ou de drogue, le contrôle des espaces publics par des bandes, les intimidations, les incivilités, les violences envers les représentants symboliques de l'État (police, pompiers…). Ces faits sont systématiquement attribués à des populations catégorisées comme immigrées et rassemblant pêle-mêle Maghrébins, Arabes, Noirs. Catégoriser une population de manière *pêle-mêle*, c'est une façon de mettre ensemble des personnes en prenant soin de ne pas reconnaître de distinction entre elles. C'est donc nier leur individualité et ne les considérer que comme surdéterminées par le *trait* au nom duquel on s'autorise à les *grouper*. Ce trait, c'est l'immigration. De ce fait, cette dernière ne fonctionne pas comme un *trait biographique*, elle ne renvoie pas à l'histoire des personnes, mais à une *marque collective*, à un marquage, faudrait-il dire. Ce marquage désigne ce qui détermine des comportements collectifs, indépendamment des personnalités individuelles. La nature de ce trait, sa fonction dans la catégorisation des populations, permet de mieux comprendre à quel point la distinction entre « immigrés » et « issus de l'immigration » est évanescente. Plus la situation décrite se « tend », plus elle met en scène le non-droit ordinaire, plus la distinction perd sa pertinence.

> « Je me souviens très bien de ces images à la télé, ils étaient déchaînés, on aurait dit une scène de guerre, des voitures brûlées, des magasins pillés. »

Pour Nicole, de Rouen, qui nous relate ces scènes d'émeute, la datation et la localisation de ces souvenirs médiatiques sont difficiles, voire impossibles. Mais cela n'en entame pas la valeur signifiante.

> « Vous pouvez me dire en quelle année se déroule tout ça ? Où était-ce ?
> – Ah ça, je ne sais plus bien, ça fait un bout de temps, quand même. Peut-être cinq ans. Mais ça nous pend au nez. C'est une poudrière. Une allumette, et hop, ça repart […]. Je sais plus où mais ça peut être à Marseille ou en

banlieue parisienne, autour de Lyon, je ne sais plus où, mais c'est un peu partout pareil. Vous savez, c'est l'armée qu'il faudrait envoyer, quelqu'un a demandé ça à Marseille. Si même la police ne peut rien faire, c'est l'armée qui doit y aller [...]. Le problème, c'est que ce sont les bandes qui font la loi... »

Pour Nicole, les images d'émeute, sans doute celles de 2005, fonctionnent comme une image-symbole qui articule les trois catégories de traces que nous avons évoquées.

— L'image-symbole crée une clé d'interprétation : le non-droit.
— Elle atteste la validité de cette clé par des faits « vus à la télé » : « des voitures brûlées, des magasins pillés ».
— Elle rappelle les impressions provoquées par ces faits : « On aurait dit des scènes de guerre. »

L'image-symbole a la puissance structurante d'une expérience vécue : elle actionne une clé de lecture sur la situation de la France. Cette clé est centrale pour comprendre les effets des attentats de janvier 2015. Au-delà de cet épisode, elle organise le basculement des électeurs vers le vote Front national.

Cette clé, c'est la perte : perte de contrôle de l'État, défaite du droit, de la République. Ces images-symboles sont *rappelées* par l'actualité des attentats, rappel qui crée un lien entre banlieue et terrorisme. Ce sont deux réalités différentes mais liées par la question de la mise en cause du droit et, *in fine*, de la mise en danger de la République, d'abord dans les banlieues les « plus chaudes », puis, progressivement, par un processus de contagion, un peu partout sur le territoire. C'est ce que formule Antoine, de Chartres. « Regardez ce qui se passe à Marseille. Alors là, c'est le comble, les kalachnikovs en libre-service ! Plus aucun contrôle ! Ils se tirent dessus avec des armes de guerre, sur la police aussi. Alors évidemment, ici c'est différent, enfin pour l'instant, car si ça continue comme ça, si on ne fait rien, demain, les kalachnikovs, on va en trouver dans la banlieue de Chartres. On va vers ça. Faut pas croire que ça va s'arrêter à Marseille, ça va gagner partout. »

Dans ce contexte, la surenchère verbale des responsables politiques est perçue comme un aveu d'impuissance de l'État, jugé incapable de reprendre ces quartiers en main. Si l'utilisation par Manuel Valls du terme d'*apartheid* a pu agiter le Landerneau politico-médiatique, force est de constater, comme Gérard Courtois dans *Le Monde*[38], que ce vocabulaire avait déjà été employé à plusieurs reprises par des responsables de gauche et de droite. Il cite ainsi Jean-Pierre Chevènement, alors ministre de l'Intérieur, en mai 1998 : « En moins d'un quart de siècle, la France s'est cassée. L'explosion du chômage et de la précarité transforme insidieusement certains de nos quartiers en quasi-ghettos. S'y concentrent les populations en difficulté, particulièrement celles qui sont nées des dernières vagues de l'immigration. La montée des communautarismes accompagne la ghettoïsation des quartiers. Le social "s'ethnicise" et l'extrême droite en fait son miel. Ainsi s'édifie sous nos yeux un modèle de société inégalitaire qui est aux antipodes des valeurs républicaines. Le projet de citoyenneté, censé fonder notre République, tourne de plus en plus à vide. Il faut donc se donner tous les moyens de lutter sur le long terme contre l'apartheid spatial et social. » Le journaliste évoque également Nicolas Sarkozy, alors président de la République, en février 2008 : « Vingt ans d'efforts, d'intelligence et de générosité n'ont pas réussi à empêcher que les fractures se creusent. Ce n'est pas seulement l'idée que nous nous faisons de la laïcité, c'est l'avenir de notre démocratie et d'une certaine idée de la République qui est en jeu. Tant de problèmes n'ont que trop duré. Il faut briser la logique du ghetto et empêcher que le communautarisme, les tribus et les bandes finissent par miner définitivement la République. Nous n'avons pas le droit d'échouer. »

Ces discours quasi identiques à celui prononcé par Manuel Valls n'ont sans doute pas laissé une trace impérissable dans la mémoire de l'électeur lambda (qui se souvient en revanche du « Kärcher » de Nicolas Sarkozy). Ils ont en revanche contribué à installer dans les esprits l'idée que des postures martiales avaient été tenues durant près de vingt ans sans être suivies de

38. Gérard Courtois, « Apartheid et amnésie », *Le Monde*, 27 janvier 2015.

politiques énergiques. Ce constat qui s'est progressivement imposé (et qui concerne la gauche et la droite) a pu nourrir l'idée d'une impuissance des « politiques », voire de leur duplicité, les formules tonitruantes servant à masquer l'absence de courage pour « régler le problème ».

Association des séries terrorisme/crise des banlieues

Si le thème du non-droit fait lien entre terrorisme et crise des banlieues, il n'en demeure pas moins un écart, une différence auxquels les personnes que nous avons interrogées sont confrontées. En 2005, des révoltes collectives désordonnées de jeunes ; en 2015, des actes menés par trois individus déterminés visant et tuant des cibles précises. Ces différences sont traitées selon deux modalités. Selon la première modalité, les actes terroristes de janvier sont l'indice d'un stade ultime dans la dérive et la décomposition de ces territoires. Les émeutes de 2005 constituent un signal très inquiétant, mais rien n'a été fait ensuite. La situation a encore empiré, des affrontements avec la police ont eu lieu avec armes à feu (émeutes de Villiers-le-Bel en novembre 2007), puis les règlements de compte par balles et avec armes de guerre se sont multipliés (dans les quartiers nord de Marseille et en Seine-Saint-Denis). Et nous avons à présent atteint le stade ultime, l'irruption du terrorisme. Passer de la décomposition, du non-droit au terrorisme est le signe non seulement d'une radicalisation de la violence, mais d'un changement dans sa nature. Les causes des révoltes ne sont pas les causes des attentats. Ce qui se dessine n'est pas un enchaînement de cause à effet mais la perception d'une *recomposition*. Les multiples facettes de la violence – trafics de drogue et d'armes de guerre, violences contre les personnes et crimes – trouvent une cohérence, *se recomposent* en une agression généralisée contre la France.

Selon la seconde modalité relative au lien entre terrorisme et crise des banlieues, nous assistons à deux phénomènes de nature différente. En 2005, une partie de la jeunesse de ces quartiers s'était soulevée parce qu'elle voulait « sa part du gâteau ». Elle exprimait par la violence son exigence d'être intégrée. Aujourd'hui, la prolifération des djihadistes indique qu'une partie de la population de ces quartiers a à l'inverse fait sécession et ne veut plus être intégrée à la société. Elle a décidé de la combattre pour imposer son modèle et ses valeurs, et ce, en lien avec une idéologie et des organisations salafistes présentes à l'étranger. Il s'agit alors d'expliquer la violence par l'impossibilité de l'intégration : « C'est pourri, tout ça, les jeunes sans travail avec des parents au RSA, alors ils font n'importe quoi. Et puis, à force, ils se font baratiner par des imams et voilà… » Puis s'établit un lien de cause à effet : exclus, ils se révoltent puis sont embrigadés. Ils passent de la révolte au terrorisme. Pour autant, cette explication, sociologisante ou psychologisante, ne s'accompagne d'aucune excuse sociale ni d'aucune perspective de rétablissement : « Mais quand je dis pourri, c'est pourri en profondeur, y a plus rien à faire, mais plus y a d'immigration, pire ça devient… »

Une fois cette série constituée – attentats, trafics, violences, émeutes –, se développe ce que nous appellerons *la théorie du terreau*. Celle-ci se déploie en deux temps. *Premier temps* : le djihadisme naît d'un terreau favorable qu'on a laissé s'installer. Les cités, certaines banlieues sont décrites comme les lieux d'éclosion des vocations terroristes islamistes. *Second temps* : un système d'équivalence se met en place. Terreau islamiste = problèmes d'immigration. Si on laisse l'immigration s'amplifier, les vocations djihadistes se multiplieront.

SÉRIE III. GÉOPOLITIQUE DE L'ISLAMISME RADICAL

La question des Printemps arabes constitue un terrain connexe aux problématiques que nous avons abordées. Sur ce sujet, aux yeux des personnes que nous avons interrogées, d'une part, le discours frontiste semble une nouvelle fois validé par les faits et l'évolution de la situation. D'autre part, l'attitude et la grille de lecture des partis de gouvernement se trouvent battues en brèche. Au printemps 2011, les principaux dirigeants politiques français se sont félicités des révolutions arabes, ont affiché leur optimisme sur l'issue de ces mouvements. Nicolas Sarkozy est même allé beaucoup plus loin, lançant une opération militaire en Libye pour soutenir les forces rebelles et aider à la chute de Kadhafi.

Dans ce climat bienveillant, Marine Le Pen s'est très tôt distinguée en adoptant une posture « Realpolitik » et en soulignant les graves menaces que pourraient potentiellement receler ces révolutions, avec le risque de prise de pouvoir par les islamistes et la possibilité d'explosion des flux migratoires. Jouant sur une symbolique très forte, elle s'est rendue en mars 2011 sur l'île de Lampedusa, possession italienne située près des côtes libyennes où débarquent régulièrement des milliers de migrants à bord d'embarcations de fortune. Sur l'année 2014, les autorités italiennes annonçaient que 2 000 à 3 000 migrants arrivaient chaque jour sur les côtes sud de la péninsule et dans les îles. Cet afflux croissant et la multiplication des naufrages se soldant par des centaines de victimes ont fait l'objet d'un traitement médiatique très important et ont eu un fort impact dans l'opinion. Mais, dès le début des Printemps arabes et avant même que les arrivées de migrants sur les côtes italiennes ne deviennent massives du fait de l'effondrement des régimes tunisien et libyen, nos compatriotes redoutaient déjà cette perspective. Selon un sondage Ifop réalisé pour *Dimanche Ouest-France* en février 2011, soit quelques semaines après les premiers troubles[39], 81 % des Français jugeaient probable « l'augmentation du nombre d'immigrés originaires de ces pays en direction de l'Europe ». Et, interrogés plus globalement sur leur ressenti à l'égard des révolutions qui se déroulaient sous leurs yeux dans les pays arabes, 49 % déclaraient éprouver « plutôt de la crainte » contre 40 % « plutôt de l'espoir » et 11 % « plutôt de l'indifférence ». Marine Le Pen se trouvait donc en phase avec une majorité relative sur ce sujet, tandis que le discours dominant dans le reste de la classe politique et les médias n'était partagé que par une minorité. On retrouvait de surcroît sur cette question un net clivage sociologique, comme le montre le graphique suivant.

39. Sondage réalisé par téléphone les 24 et 25 février 2011 auprès d'un échantillon national représentatif de 969 personnes.

Le ressenti concernant les révolutions arabes

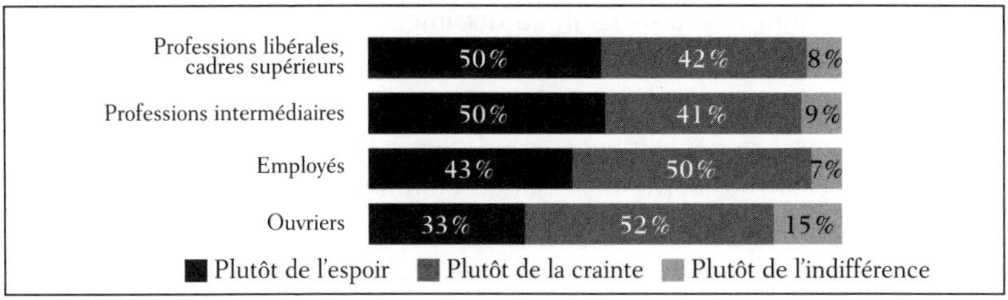

Source : sondage Ifop pour *Dimanche Ouest-France*, réalisé en février 2011 par téléphone auprès d'un échantillon national représentatif de 969 personnes.

L'augmentation exponentielle des flux migratoires en provenance des rives sud de la Méditerranée et la déstabilisation de la Libye, de la Syrie et du Yémen sont venues, d'une part, conforter ces craintes initiales ressenties par une large partie de la société et, d'autre part, valider « historiquement » ou « par les faits » le diagnostic formulé par Marine Le Pen dès le début de ce mouvement. Interrogée le 8 janvier 2013 sur l'influence grandissante des islamistes dans différents pays arabes, la leader du FN a eu beau jeu d'enfoncer le clou et de rappeler la justesse de son analyse : « Nous avions prévu que ces révolutions, qui étaient au départ des révolutions sociales, allaient être récupérées par les fondamentalistes islamiques et qu'au printemps arabe succéderait l'hiver islamiste. » Gageons que la dégradation de la situation sécuritaire en Libye et l'entrée en scène de l'État islamique dans ce pays avec son cortège d'exactions seront également l'occasion pour Marine Le Pen de tacler Nicolas Sarkozy et de souligner qu'elle avait esquissé ce funeste scénario dès le début de l'intervention militaire internationale[40]. Elle déclarait ainsi en août 2011 : « Je crains que cela

40. Dans le même ordre d'idées, certains développements récents sur le théâtre syrien viennent conforter par les faits le diagnostic précocement formulé par une majorité de Français concernant l'opportunité de fournir des armes à la rébellion syrienne. Alors que le gouvernement avait soutenu cette option et l'avait ensuite partiellement mise en pratique, une large majorité de personnes interrogées (61 %) se déclaraient « plutôt opposées à ce que les pays européens envoient des armes aux rebelles syriens car ces armes risquent de tomber aux mains des mouvements islamistes radicaux », contre 26 % plutôt favorables et 13 % sans opinion (sondage Ifop pour Atlantico.fr, réalisé sur Internet du 19 au 21 mars 2013 auprès d'un échantillon national représentatif de 1 004 personnes). Or, on apprenait début mars 2015 que, très affaibli par plusieurs revers militaires, le mouvement Hazm (alliance de plusieurs groupes islamistes dits modérés) avait annoncé sa dissolution et que près de 80 missiles antichars TOW et d'autres matériels sophistiqués livrés par Washington et ses alliés étaient tombés aux mains des djihadistes du front al-Nosra. Voir « Quatre ans après ses débuts, où en est la crise syrienne ? », *Le Figaro*, 8 mars 2015.

[l'intervention militaire internationale initiée par la France] ne conduise à un basculement islamiste qui se ferait au détriment du peuple libyen et que cela favorise aux portes de l'Europe l'instauration de dictateurs islamistes. » Comme en stéréo, la menace de l'État islamique en Libye d'envoyer vers l'Italie 500 000 migrants dans des barques en cas d'intervention militaire et celles proférées par le représentant de cette organisation commentant l'exécution de Coptes sur une plage libyenne (« Nous sommes au sud de Rome et nous allons partir à la conquête de la capitale italienne[41] ») viennent alimenter à dessein ces représentations d'une confrontation géopolitique annoncée entre l'Europe et l'islamisme.

Le chaos qui règne en Syrie, en Libye et en Irak transforme la compréhension du terrorisme des personnes que nous avons rencontrées dans son rapport à l'espace, à la notion de territoire, de frontières, ainsi que sa finalité. « Ces gens sont des fous [les auteurs des attentats de Paris], c'est comme ceux qui égorgent des gens et envoient des vidéos sur Internet. Ce sont les mêmes. Les djihadistes, qu'est-ce qu'ils veulent ? Massacrer tous les gens qui ne sont pas comme eux ? C'est la guerre avec des atrocités tous les jours, des massacres. Des écolières qui sont enlevées, violées… Ils massacrent des gens parce qu'ils sont chrétiens. Mais le pire c'est qu'ils peuvent circuler comme ils veulent, ils sont en Syrie, en Irak, dans tous ces pays où ça fait des années qu'ils commettent des massacres, et ils circulent aussi bien ici en France, en Belgique, au Danemark. »

« Les pays arabes sont en plein chaos. Daesh, c'est très inquiétant, c'est pas un pays et ils font la guerre à des pays. On sait plus qui massacre qui. Mais ça se répercute chez nous. Ceci dit, c'est parce qu'on a aussi plein d'immigrés chez nous. On a les conséquences chez nous. C'est le problème quand on n'a plus de frontières » (Kevin, Lille).

« Les frontières ? Ils passent par la Turquie, ils prennent l'avion comme ils veulent, on est plus protégés par les frontières. L'Europe, c'est une passoire[42]. Et, du coup, ce qui se passe dans les pays arabes, ça vient chez nous. En

41. Déclaration dans une vidéo diffusée par l'État islamique.

42. On voit ici que la notion de frontière joue un rôle central et que sa « disparition » inquiète fortement les milieux populaires.

Italie, alors, vous avez vu, bien sûr c'est des pauvres gens, c'est affreux aussi, ils arrivent par milliers mais on sait pas qui c'est, et en plus on peut pas les accueillir, ils arrivent sans rien, on ne peut pas s'en occuper. On a déjà assez de pauvreté ici, de plus en plus. C'est une invasion, petit à petit, mais c'est déjà assez difficile, si on ne fait rien, je ne sais pas où on va. Et plus il y a de violence là-bas plus il y en a ici » (Jean-Pierre, Montreuil).

« Ils veulent faire un empire islamiste mais pas seulement dans les pays arabes. C'est dans tout le Moyen-Orient, l'Afrique… Ils veulent même faire la loi ici en France et en Europe. Regardez les attentats à Bruxelles dans un musée, et au Danemark aussi » (Yves, région lyonnaise).

« Tous les jours, on entend parler des massacres sur des gens dans les villages. Et ces vidéos qu'ils font circuler, on ne peut plus les voir, c'est mieux, mais tout ça c'est pour semer la terreur chez nous, ils veulent nous faire peur. C'est ça leur truc, montrer qu'ils sont plus forts que nous » (Laetitia, Lille).

Les attentats de Paris prennent place dans un ensemble d'événements, le djihad, considéré comme une guerre de conquête qui traverse les frontières. Il ne s'agit plus de renverser un pouvoir en place en Irak ou en Syrie, mais de constituer un territoire de souveraineté qui efface les frontières. C'est ce changement de nature qui commence à faire évoluer l'interprétation que les personnes que nous rencontrons donnent de l'islamisme. « S'ils se contentent de régler leurs comptes entre eux, je dis pas que ça irait, parce qu'ils commettent vraiment des atrocités, et c'est inacceptable, que ce soit chez nous ou pas. Mais ce n'est pas ça, ils veulent imposer leur loi partout chez nous » (Annie, région lyonnaise).

« Là-bas, j'ai suivi à la télé ce qu'on raconte : ils prennent des villes, des villages et ils imposent leur loi… Évidemment, les femmes sont voilées et tout est interdit mais, si vous voyez ce qui se passe dans certaines banlieues en France, c'est la même chose ! Ils veulent imposer leur loi ici aussi ! C'est ça, ces attentats » (Gaétan, Montreuil).

« Ils se sont mis en guerre contre nous, parce que nous on est en guerre chez eux, mais aussi maintenant parce qu'ils veulent nous conquérir chez nous » (Stéphanie, région de Poitiers).

En inscrivant les attentats de janvier dans la série de la géopolitique de l'extrémisme islamiste, nos interlocuteurs donnent à ces attentats une signification alarmante. Ceux qui ont commis ces attentats n'obéissent plus seulement à une finalité de vengeance ou ne se contentent plus d'exprimer une haine envers la France. Ils agissent aussi dans le cadre d'un islam de conquête.

SÉRIE IV. L'ÉPIDÉMIE DJIHADISTE

Cette quatrième série comporte trois aspects saillants : le départ de nombreux jeunes Français pour combattre en Syrie, la dispersion territoriale des lieux de départ et la conversion à l'islam de certains de ces jeunes.

Dans cette perspective, l'affaire Merah sera réinterprétée rétrospectivement comme les prémices de cette nouvelle ère du terrorisme que l'on pourrait qualifier de « translocal ». Fait caractéristique, en effet, il émane de réseaux et de filières qui relient avec une facilité déconcertante des zones de guerre et de djihad distantes de plusieurs milliers de kilomètres (la Syrie, l'Irak, voire le Yémen) avec tous les points du territoire français. Les nombreux cas de jeunes (parfois mineurs, puisque depuis 2013 l'autorisation des parents pour prendre l'avion n'est plus requise) entrés en relation avec ces filières depuis chez eux grâce à Internet, puis qui ont pris un billet d'avion pour la Turquie, point d'accès à la Syrie et à l'Irak, ont fortement marqué les esprits. Le fait que, de surcroît – comme le montrent les quelques exemples suivants –, ces jeunes viennent de partout en France, y compris de petites villes, a ajouté à la sidération face à l'ampleur et à la diffusion du phénomène.

Quelques cas de jeunes Français partis pour le djihad

— Novembre 2013 : deux mineurs toulousains partent en Syrie.

— Janvier 2014 : une adolescente de 16 ans quitte Avignon pour la Syrie.

— Mai 2014 : six jeunes du quartier strasbourgeois de la Meinau sont interpellés à leur retour de Syrie (ils faisaient partie d'un groupe de quatorze jeunes partis se battre dans les rangs islamistes).

— Juin 2014 : une adolescente d'Argenteuil de 14 ans part faire le djihad.
— Août 2014 : deux adolescentes de 15 et 17 ans quittent Tarbes et Lyon pour la Syrie.
— Octobre 2014 : quatre jeunes Lunellois meurent dans des combats en Syrie (deux autres jeunes de la même ville périssent quelques semaines plus tard).
— Novembre 2014 : David Drugeon, artificier d'une branche d'Al-Qaida, originaire de Vannes, meurt dans une frappe de l'aviation américaine en Syrie.
— Novembre 2014 : à partir d'une vidéo, Maxime Hauchard, originaire du village de Bosc-Roger-en-Roumois, dans l'Eure, est identifié comme l'un des égorgeurs de Daesh.

À chaque fois, ces affaires ont été largement médiatisées dans la presse locale et/ou nationale. Nous avons répertorié sur la carte suivante, réalisée par Sylvain Manternach, les cas de départ pour le djihad (réussi ou empêché), de mort au combat, d'opérations de police contre des filières et les attaques et les attentats évoqués par la presse. Le panorama (non exhaustif) ainsi dressé illustre bien la diffusion du phénomène telle qu'elle a pu être appréhendée par le grand public à travers les informations délivrées par les médias[43].

43. Au-delà de cette perception subjective et médiatique de la diffusion du phénomène djihadiste sur le territoire national, on rappellera que le ministère de l'Intérieur avait indiqué que 80 % des départements français étaient concernés par le départ de jeunes vers ces pays.

Cartographie des cas d'activités en lien avec le djihadisme cités par la presse

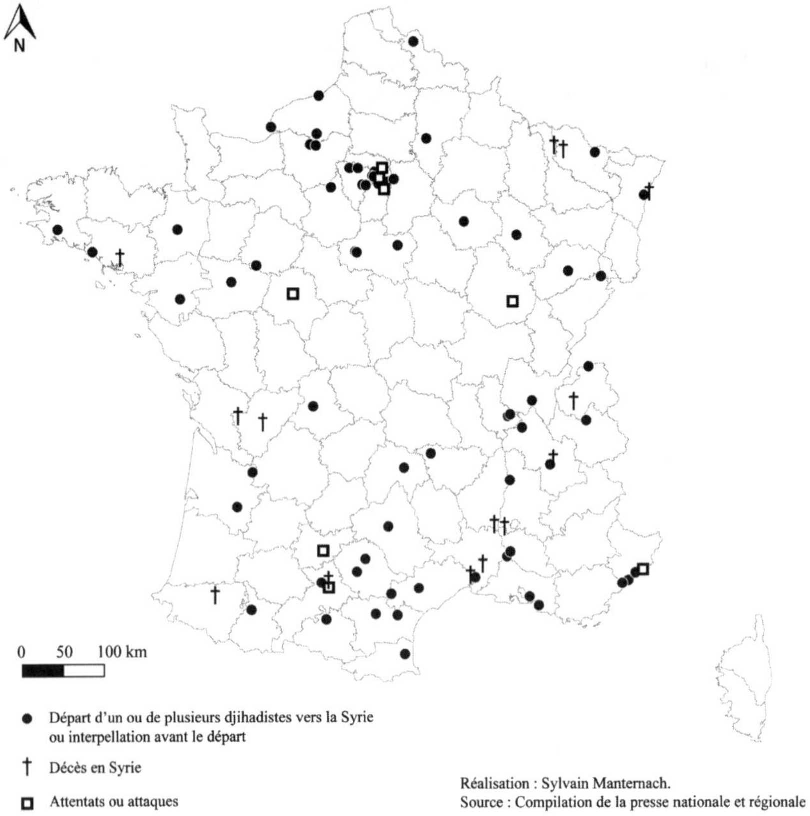

Dans les articles ou les reportages, les Français découvrent avec stupeur que l'environnement familial et géographique dans lequel évoluaient ces jeunes ressemble à celui de leurs enfants et peut se révéler très éloigné de l'image classique des banlieues sensibles. Le fait que toutes les régions de France soient concernées, que ces jeunes soient parfois issus de petites villes et que les cas se multiplient à la vitesse grand V marque les esprits en profondeur[44] et contribue au changement de perception de la menace terroriste et de l'ampleur du phénomène. Tout se passe alors comme s'il n'existait plus de sanctuaires et qu'aucune région de France, même parmi les plus paisibles, n'était susceptible d'être épargnée. Quelques exemples de titres d'articles de la presse quotidienne régionale traduisent bien cette idée :

— « Décès d'un jeune Mourenxois : la piste jihadiste évoquée », *La République des Pyrénées*, 3 juin 2014 ;
— « Il est allé faire le djihad en Syrie et est revenu : un Roubaisien raconte », *Nord Éclair*, 10 juillet 2014 ;
— « L'itinéraire de Gilles, 33 ans, né à Cognac et djihadiste », *Sud-Ouest*, 10 octobre 2014,
— « Le jeune Français qui appelle au djihad est de Labastide-Rouairoux dans le Tarn », *La Dépêche du Midi*, 21 novembre 2014 ;
— « Port-sur-Saône : l'incroyable dérive de Pierre, 19 ans, mort au djihad », *L'Est républicain*, 18 février 2015.

Les révélations sur la constitution d'un foyer islamiste dans un hameau de la commune d'Artigat en Ariège[45] ou les photos du couple Coulibaly-Boumeddiene rendant visite au terroriste Djamel Beghal et s'entraînant au

---

44. Selon le tableau de bord politique Ifop/*Paris Match* de mai 2014, 38 % des personnes interrogées déclaraient avoir discuté avec leurs proches du « départ de jeunes djihadistes français en Syrie », soit un niveau équivalent au « débat autour du travail le dimanche » (39 %), à celui sur les « assouplissements annoncés par Benoît Hamon sur la réforme des rythmes scolaires » ou sur « la préparation des élections européennes », lesquelles avaient pourtant lieu un mois plus tard.

45. Sabri Essid, le « demi-frère » de Mohamed Merah, apparaît dans une vidéo ultraviolente de l'État islamique montrant un enfant d'une dizaine d'années exécutant un Arabe israélien soupçonné d'être un espion du Mossad. Il était un membre actif de ce groupe avant de partir en Syrie. Voir « Le demi-frère de Merah, étendard français de l'EI », *Libération* du 12 mars 2015.

maniement des armes près du village de Murat, dans le très champêtre Cantal, où ce dernier était en résidence surveillée, participent au même processus[46].

La multiplication de ces révélations concernant la présence de filières djihadistes en de nombreux points du territoire français s'entremêle au récit quasi-quotidien des exactions et de la barbarie dont fait preuve l'État islamique en Syrie, en Irak et maintenant en Libye (décapitations, crucifixions, otages brûlés vifs, etc.). Cet entrelacement régulier et lancinant crée un « effet stéréo » dans l'opinion et contribue à installer l'idée d'un continuum terroriste « translocal » entre la barbarie pratiquée par l'État islamique sur le terrain et les nombreux membres de cellules djihadistes présents partout en France. Dans le même ordre d'idées, si les frères Kouachi et Coulibaly ont perpétré leurs forfaits en région parisienne, l'existence de filières djihadistes dispersées sur le territoire crée une rupture avec la vision classique de la menace terroriste. Qu'il s'agisse des attentats du réseau Kelkal en France en 1995 ou de ceux de New York en 2001, de Madrid en 2004 ou de Londres en 2005, c'étaient à chaque fois des attaques à la bombe ou des destructions massives (World Trade Center) visant des réseaux de transport (métro, trains, avions) situés dans des capitales ou dans les principales métropoles. Les attaques de Dijon, Joué-lès-Tours ou Nice sont beaucoup moins spectaculaires et ont causé infiniment moins de victimes. Mais ces actes de terrorisme de « basse intensité » se répètent un peu partout sur le territoire, produisant un fort impact sur l'opinion et contribuant à entretenir le sentiment d'une menace diffuse[47].

---

46. Dans le même ordre d'idées, on peut mentionner l'émoi suscité à Brioude (Haute-Loire) par l'assignation à résidence de l'islamiste Saïd Arif. Le maire, scandalisé par le fait que le ministère de l'Intérieur lui impose cette décision, a alerté la presse locale, qui a relayé également un certain nombre de provocations du terroriste ainsi que sa fuite. Voir « Ces islamistes que l'on loge dans les campagnes », *Le Figaro* du 4 février 2015.

47. Un des premiers effets concrets de cette dissémination de la crainte sur l'ensemble du territoire est que de très nombreuses communes disposant d'une police municipale non armée, voire simplement d'un garde-champêtre, songent à équiper rapidement leurs effectifs de gilets pare-balles et d'armes à feu. Les précédentes vagues d'attentats qu'avait connues la France n'avaient pas provoqué ce type de réaction. Cela montre bien la nature très particulière du phénomène auquel on assiste et la puissance de l'inquiétude qu'il a créée. Même dans une ville aussi exposée à la délinquance que Marseille, la municipalité s'était jusqu'à présent toujours refusée à armer ses policiers municipaux. Or, il semblerait que, au regard de ces événements (et notamment du meurtre en pleine rue d'une policière municipale désarmée à Montrouge), l'équipe de Jean-Claude Gaudin ait changé d'avis.

Ces informations jettent un trouble sur la façon dont est compris le développement de l'extrémisme islamiste. Le premier schéma d'interprétation était simple. Le ressentiment de jeunes musulmans envers la société française et, au-delà, envers l'Occident, les conduit à la radicalisation. Or ce schéma ne fonctionne plus lorsque l'on comprend que ce sont aussi des jeunes non musulmans, qui ne vivent pas dans une banlieue ou une cité difficiles, qui sont embrigadés dans le djihad.

> « Je ne comprends pas bien, du coup, des jeunes de je ne sais plus quel bled paumé en Normandie qui partent faire le djihad... Là, franchement, c'est un truc de fou. Ça veut dire quoi ? [...] Encore, je comprends que, dans les banlieues, il y ait des jeunes qui se laissent embobiner, mais là. Ça veut dire que ce n'est pas seulement lié aux cités, mais que c'est dans la tête. Je pense que c'est Internet. Et en plus y a des jeunes qui sont pas arabes et qui se sont convertis à l'islam » (Miguel, Chartres).

Ce trouble conduit à interpréter l'islamisation comme une *contagion idéologique*, et non plus seulement comme une *extrémisation* – la poussée vers l'extrême de jeunes déjà liés biographiquement à la culture musulmane. En se détachant des surdéterminations de la théorie du terreau que nous avons évoquée, le djihad gagne les esprits au-delà des musulmans, et l'espace au-delà des cités[48].

> « Je ne dis pas qu'ils sont partout, faut pas exagérer. Mais quand même, ils peuvent être n'importe où, et c'est pas rassurant » (Miguel, Chartres).
>
> « J'ai vu les photos d'un des terroristes avec un imam à la campagne. Je ne peux pas vous dire pourquoi mais ça m'a fait drôle, quand même : c'était un paysage bien campagnard, bien français, et il y avait ces deux personnages qui sont des assassins, on le sait maintenant. Ils sont en train

48. Parmi les signalements pertinents et avérés recueillis par la plate-forme contre la radicalisation mise en place par les pouvoirs publics, 40 % des cas correspondent à des jeunes qui ne sont pas de culture arabo-musulmane. Cette proportion très élevée s'explique par le fait que ce sont plutôt les familles des classes moyennes et des CSP+ qui effectuent ce type de démarche. D'après les données du ministère de l'Intérieur, la proportion de « convertis » parmi les djihadistes ayant quitté le territoire national serait plutôt de l'ordre de 20 %, ce qui est déjà beaucoup et donne un visage plus composite de ce public. Cela alimente l'idée d'une diffusion sociologique du phénomène de radicalisation bien au-delà des familles arabo-musulmanes.

de parler tranquillement. Peut-être d'attentats… au milieu du bocage […]. C'est idiot, mais ça me choquerait moins si on les voyait dans une banlieue » (Annie, région lyonnaise).

Susceptible de surgir partout, le danger perturbe la prévisibilité sur laquelle s'appuient les techniques de surveillance.

« Ce qu'il y a d'inquiétant c'est que, du coup, c'est n'importe où en France, dans n'importe quel village que ça peut arriver. On ne peut pas tout surveiller. Comment faire ? » (Annie, région lyonnaise).

« On arrête pas de nous dire à la radio que c'est pas possible de surveiller tous les suspects, j'ai entendu dire qu'il fallait vingt-cinq policiers pour surveiller une personne. Comme il y a plus de mille personnes suspectes… Et en plus, on voit des gamins ou des filles aussi qui n'ont rien à voir avec tout ça, même pas musulmans, qui se laissent avoir et qui partent dans des camps d'entraînement […]. Comment voulez-vous qu'on surveille tout ça ? C'est pas possible, c'est tout » (Jean-Michel, région de Rouen).

À cette imprévisibilité, ajoutons l'effet des modes opératoires de ces attentats. « Ces mecs, ils sont isolés, n'importe où, ils peuvent agir tout seuls, mais c'est quand même pour le djihad. C'est pas comme dans les attentats de New York où c'était compliqué à organiser pour détourner des avions. Il leur fallait des aides… de l'argent, aussi. Là, un mec avec un couteau, il attaque un flic. Ou avec une kalachnikov, on en trouve facilement. N'importe où il tue deux, trois, dix personnes comme ça ? Pas compliqué. Un mec tout seul dans son coin, ça le fait. Et ensuite Daesh récolte les bénéfices… » (Kevin, Lille).

LES ATTENTATS À LA JONCTION DES QUATRE SÉRIES ÉVÉNEMENTIELLES

Les attentats de janvier deviennent un point de jonction entre les quatre séries événementielles que nous avons évoquées : série de l'historique du terrorisme, série de l'historique de la crise des banlieues, série géopolitique et série de la contagion islamiste. Par ce point de jonction circulent des significations qui reconfigurent la perception globale que les personnes interrogées ont non seulement du terrorisme, mais aussi des musulmans et, au-delà, de l'immigration, donnant corps à une idéologie, une vision du monde qui s'est cristallisée à l'occasion de ces événements.

Le terreau et la parabole du Mont-Saint-Michel : déferlement et émergence du terrorisme

La connexion de ces séries produit parfois des contradictions. La théorie du terreau, selon laquelle les cités, les quartiers où se concentrent les populations immigrées sont les lieux qui favorisent les embrigadements extrémistes, est contredite par la distribution sur le territoire français des lieux de départ pour la Syrie. « Il y a quelque chose qui a changé, quand même. Moi, ça me fait penser au Mont-Saint-Michel… Je connais bien, j'ai failli me faire avoir quand j'étais gosse avec ma mère. Donc là j'ai vu comment ça marchait. La mer, on a l'impression qu'elle vient du sable. C'est pas comme normalement, la marée qui monte, on la voit venir parce que les vagues vont de plus en plus loin… Là, quand on se rend compte que la mer a monté, c'est qu'elle est déjà partout montée » (Jean-Michel, région de Rouen).

En serait-il du terreau favorable aux vocations djihadistes comme des sables mouvants de la baie du Mont-Saint-Michel ? D'un côté, des vagues incontrôlées d'immigrés continuent d'entrer en France. De l'autre, on observe une contagion des idées partout sur le territoire national. Deux mouvements : ce qui déferle, ce qui sourd. Ce que l'on a vu venir jour après jour confirme l'inquiétude. Ce que l'on ne pouvait pas voir l'intensifie. Les logiques de l'inquiétude ne s'opposent pas, elles s'entrelacent. La peur qui en résulte est plus complexe, plus dense, plus persistante.

L'épicier, son fils et les amis de son fils : amalgame et continuité

Mais nous décelons dans les discours des individus de milieux populaires que nous avons rencontrés une tendance plus radicale. Au-delà de l'immigration, c'est bien l'ensemble des musulmans qui sont visés par ce discours.

On retrouve en effet un clivage CSP+/CSP- très marqué sur la vision de la présence musulmane. Les CSP+ sont les seules chez qui l'idée qu'elle est synonyme d'un enrichissement culturel est plus répandue que la conviction qu'elle représente une menace identitaire. Chez les CSP-, et notamment parmi les ouvriers, une forte inquiétude apparaît. Cette dichotomie existait déjà avant les attentats, comme le montre le tableau suivant.

Le jugement à l'égard de la présence d'une communauté musulmane en France

	Cadres supérieurs et professions libérales		Ouvriers	
	du 15 au 18 octobre 2012	du 9 au 12 janvier 2015	du 15 au 18 octobre 2012	du 9 au 12 janvier 2015
Plutôt une menace pour l'identité de notre pays	31 %	31 %	48 %	48 %
Plutôt un facteur d'enrichissement culturel pour notre pays	28 %	37 %	10 %	18 %
Ni l'un ni l'autre	41 %	32 %	42 %	34 %

L'affirmation de l'islam n'apparaît plus seulement à leurs yeux *via* des confrontations culturelles localisées, mais comme une volonté de conquête généralisée. Le nom de l'insécurisation culturelle est explicitement l'extrémisme islamique *en marche* : c'est l'islamisation.

Et cette islamisation tend à être perçue comme une contagion idéologique. Le fait qu'elle puisse atteindre des non-musulmans n'est pas le plus inquiétant en soi, mais c'est une démonstration de ce caractère contagieux. Si elle peut conduire des jeunes non musulmans à rejoindre le djihad, cela signifie qu'elle peut faire basculer n'importe quel musulman.

Écoutons Jean-Pierre de Montreuil : « Moi, je ne fais pas l'amalgame. Mais c'est pas le problème. J'ai un épicier qui est tunisien. Lui, je le connais depuis vingt ans, plus, même. Je suis certain qu'il est pas du genre à faire des conneries comme ça. Il était emmerdé après l'histoire de *Charlie*. Il est pas islamiste. Il est tranquille, il a sa boutique. Mais son fils... Là, je sais pas, franchement. Je l'ai connu, il était tout gamin, il faisait ses devoirs dans l'épicerie. Mais l'autre jour, je l'ai croisé, il a dans les vingt-cinq ans. Il porte la barbe et il est en djellaba. Et quand je l'ai vu, il était avec des mecs qui regardaient par en dessous. Pas clean. Son père, jamais je l'ai vu en djellaba. Lui, c'est nouveau. Et là, je sais pas. Et je ne sais pas qui il fréquente. Alors, les mecs qu'il fréquente, je sais encore moins. Si, demain, j'apprenais qu'il est parti en Syrie, je serais qu'à moitié étonné. »

Le père musulman, ça va. Le fils, en revanche, on ne sait pas trop. Quant aux fréquentations du fils, elles sont franchement suspectées. On ne fait pas d'amalgame – le père, ça va. Mais on établit des continuités, le fils n'est plus certain. Autrement dit, toute la communauté musulmane est suspecte, non pas individuellement – le père, ça va –, mais en tant que communauté, au travers des liens qui unissent les individus. La suspicion n'affecte pas le père, elle se *répand* le long des liens qui font qu'une communauté existe. Du père au fils, du fils à ses amis et de fil en aiguille des amis aux amis, la suspicion court comme une contagion, et parcourt à des degrés plus ou moins intenses la communauté musulmane dans son ensemble.

« Je travaille dans une boulangerie [...]. Dans le village, il n'y a pas beaucoup d'Arabes et, franchement, on n'a jamais eu de problèmes avec eux. C'est pas comme dans certaines cités à côté de Poitiers, où là ils sont très nombreux, et moi, j'aime pas aller par là... [...]. J'en vois souvent deux, surtout, qui viennent pour le pain. Mais maintenant [après les attentats], quand je les vois rentrer, je ne suis plus rassurée. Avec leur barbe, et ils sont habillés en noir... Je ne sais pas, c'est idiot, mais je me demande quand même... Je ne sais pas, je me dis que peut-être ce sont des gens qui peuvent être dangereux » (Edwige, région de Poitiers).

Le sentiment d'insécurité que peut ressentir Edwige révèle la convergence de deux potentialités, l'une du prévisible, l'autre de l'imprévisible. Dans la cité où les populations issues de l'immigration sont devenues majoritaires, Edwige ne se sent pas en sécurité. Elle estime, à tort ou à raison, que se rendre seule dans ce quartier peut l'exposer à des désagréments. Le danger, même minime, est à ses yeux *prévisible*. Dans sa boulangerie, elle n'a jamais été inquiète de servir les familles d'origine immigrée qui vivent dans son village. Du moins jusqu'aux attentats. Depuis, voir une ou deux personnes manifestement musulmanes franchir le seuil de sa boutique la met mal à l'aise. Ce n'est pas le même malaise que dans la cité, où elle est effrayée par la domination numérique des musulmans. Ici, c'est la personnalité de chaque musulman qui l'inquiète. « Je ne sais pas, je me dis que peut-être ce sont des gens qui peuvent être dangereux. » Le péril associé aux musulmans est devenu, pour elle, indécidable.

« Quand on me dit de pas faire d'amalgame, moi je veux bien. Mais d'amalgame entre quoi et quoi ? Ces attentats, c'est quand même bien au nom de l'islam, non ? »

Cette suspicion est parfois alimentée par des faits épars.

« Moi, j'habite, dans le quartier depuis que je suis enfant. Ma copine de toujours, ses parents sont algériens. Jamais j'ai eu de problème, j'allais chez elle, elle venait à la maison et tout ça... Jamais un problème. Et après, on s'est vraiment bien amusées, on est parties en vacances avec une autre copine, on a fait des virées... Trois folles, je vous jure... Mais là, ça change, c'est pas possible, quoi... Son Facebook, il a changé depuis deux ans. Elle a enlevé sa photo. Et c'est plus pareil. Elle porte le voile, maintenant. C'est depuis qu'elle

est mariée. Elle sort plus. Je vais chez elle. Elle conduit plus ! Elle veut plus conduire… Alors je sais pas ce qui se passe vraiment chez elle, son mari… je sais pas ce qu'il pense… Mais là, de *Charlie*, c'est sûr qu'on a pas pu en parler… Je suis pas certaine de ce qu'elle pense maintenant… Vous voyez ce que je veux dire… C'est trop triste quand j'y pense… » (Sandrine, Marseille).
« J'ai ma copine qui habite dans le quartier de Beaulieu[49], l'autre jour je suis allée la voir. Il y avait un groupe de garçons assis sur le mur. Quand je suis passé, je les ai entendus qui se marraient. Ils disaient que les frères Kouachi avaient descendu des flics et que c'était très bien… Donc, moi je veux bien, mais s'ils disent ça, moi je peux faire l'amalgame. »
« Et j'ai vu à la télé des manifestations monstres contre *Charlie*. Des foules énormes. Là c'est quoi ? Je ne sais plus où c'était mais un pays arabe, c'est sûr[50]. Faut pas les amalgamer à quoi ceux-là ? » (Yves, région lyonnaise).
« C'est quand même un signe, non ? Les gamins qui ne respectent pas la minute de silence ou qui racontent que c'est bien fait parce qu'il ne faut pas se moquer des Arabes ! Ce qu'ils racontent à l'école, c'est ce qui se raconte chez eux » (Annie, région lyonnaise).

Ces incidents survenus lors de la minute de silence organisée dans certains établissements scolaires ont constitué un événement en soi après les attentats, réaffirmant les failles béantes dans notre modèle d'intégration. Or, ces failles avaient déjà été mises au jour lorsque le profil des auteurs des attentats – dotés de la nationalité française, qui avaient grandi dans notre pays et avaient fréquenté l'école de la République – avait été révélé. Une majorité de Français pensent que ces incidents dans les écoles ont été assez fréquents. 53 % des personnes interrogées estiment que le chiffre indiqué par le ministère de l'Éducation nationale, 200 établissements concernés sur les 64 000 que

49. Quartier se situant dans la banlieue de Poitiers.

50. Il s'agissait de la Tchétchénie où le président Ramzan Kadyrov, qui dirige d'une main de fer la petite république ex-soviétique, avait organisé une immense manifestation contre les caricatures publiées par *Charlie hebdo*. Cette initiative avait pour but de se concilier le soutien des pays arabes, mais aussi de donner des gages à une opinion publique travaillée par les fondamentalistes musulmans. Ces derniers ont en effet trouvé un terreau propice dans ce pays ravagé par des années de guerre. On compte d'ailleurs de nombreux Tchétchènes parmi les cadres et les « soldats » de l'État islamique.

compte le pays, est sous-évalué. 22 % pensent même qu'il est très sous-estimé, contre 31 % un peu sous-évalué. Assez logiquement, plus les personnes interrogées se situent à droite, plus elles adhèrent à l'idée que davantage d'établissements ont été le théâtre de ces incidents. Elles sont 65 % chez les électeurs UMP et 70 % chez ceux du FN (41 % des sympathisants du parti de Marine Le Pen jugeant que les chiffres officiels sont « très sous-évalués »). Mais, même dans l'électorat socialiste, 45 % sont convaincus que ce phénomène révélateur a été sous-estimé.

L'immigration : le pilier de l'inquiétude

En connectant les quatre séries événementielles, les attentats de janvier 2015 créent une *circulation possible* entre des ensembles de signes. Cette connexion permet le passage du terrorisme aux émeutes des cités, et des banlieues à la Libye, à la Syrie et à l'Irak, et de ces pays à un village normand et à des adolescents français dans un village normand, et des convertis à l'islam aux musulmans « de naissance »… Il devient possible de reparcourir l'ensemble de ces signes selon n'importe quel ordre. Chacune des personnes auprès desquelles nous avons travaillé a parcouru ce circuit de signes à sa façon. Chacune a créé un récit singulier à partir de ce parcours. Autant de personnes, autant de parcours mais un *circuit* commun. Cette distinction entre circuit possible et parcours singulier nous permet de mieux comprendre la façon dont se forme un *penchant* pour le Front national.

Laïcité d'en bas, laïcité d'en haut

Pour les personnes que nous avons rencontrées, les attentats illustrent un danger global contre la République. Le fait qu'ils aient pris la forme d'une attaque contre la liberté d'expression est jugé inacceptable mais reste néanmoins un aspect partiel, voire secondaire d'une insécurisation culturelle globale.

L'inacceptabilité est d'ailleurs souvent amoindrie : « C'est absolument fou de tuer des gens pour ça [les caricatures] mais faut pas les provoquer non plus. On sait bien que c'est un problème pour eux, alors pourquoi aller les chercher comme ça ? À quoi ça sert ? Je ne dis pas que ça explique qu'on tue les gens mais quand même, faut faire attention... » La personne qui tient ce raisonnement développe dans le même temps un discours très dur envers l'islam. Plus que d'un discours ordinaire de l'éthique de la responsabilité, ces propos relèvent d'une prudence de bons sens : « Faut pas provoquer, on ne sait jamais, et d'ailleurs, la preuve : les attentats. »

Un sondage Ifop / *Le Journal du dimanche*[51] révèle d'ailleurs un double clivage sur l'attitude face aux caricatures : sociologique et culturel. Plus on est diplômé et CSP+, plus l'on pense qu'il faut continuer à publier des caricatures, « même si certains musulmans pratiquants se sentent blessés ou agressés par la publication de caricatures du prophète Mahomet. » Inversement, catégories populaires et non diplômés estiment qu'il faut tenir compte du malaise né chez les musulmans. La lutte pour la liberté d'expression et la défense des caricatures apparaissent donc d'abord comme un combat de CSP+ – on l'a d'ailleurs vu précédemment avec la géographie des manifestations du 11 janvier.

Le comportement à adopter concernant la publication de caricatures de Mahomet

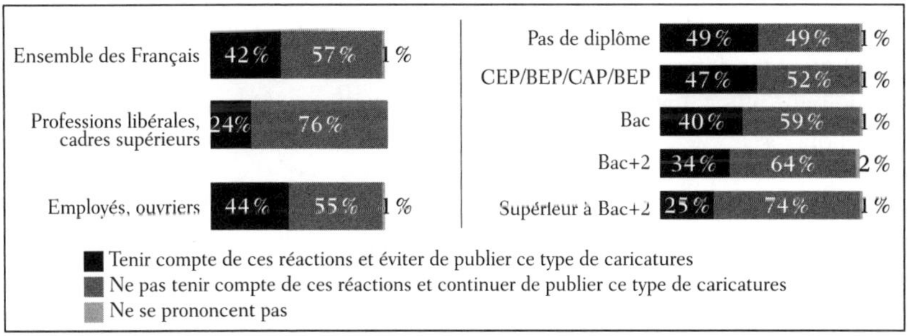

Source : sondage Ifop pour *Le Journal du dimanche* issu d'une enquête réalisée par téléphone les 16 et 17 janvier 2015 auprès d'un échantillon national représentatif de 1 000 personnes.

51. Enquête réalisée par téléphone les 16 et 17 janvier 2015 auprès d'un échantillon national représentatif de 1 000 personnes.

« Faire la loi »

Pour notre public appartenant aux catégories populaires, la République est en danger. À leurs yeux, que des islamistes cherchent à imposer leur loi en France est absolument inacceptable. Qu'ils le fassent en s'attaquant à la liberté d'expression et aux caricaturistes de *Charlie hebdo* est secondaire, voire, pour certains, anecdotique. Ce qui est central, en revanche, est le fait que les terroristes cherchent à tuer des gens, et ce, pour substituer leurs lois aux nôtres. Pour le dire de façon plus radicale, dans l'optique d'un islam conquérant, les djihadistes veulent nous contraindre à suivre *leur loi*. C'est cette menace que le terme *islamisation* désigne.

> « En fait, moi, cette histoire de caricatures de Mahomet, je m'en fous… Je devrais pas vous dire ça, je sais, mais je le dis quand même… Ceci dit, si ce qu'ils veulent, c'est interdire les caricatures, là, je suis pas d'accord… Les caricatures, je m'en fous, mais pas question que ce soit ces gens qui l'interdisent. Si demain on a plus le droit de faire de caricatures de Mahomet, franchement, c'est pas ça qui m'empêchera de vivre… Je veux dire qu'il y a des vrais problèmes plus graves que ça avec tous ces gens qui viennent en France et qui foutent la merde partout […] mais ils vont pas nous imposer quoi que ce soit… Si on laisse faire, c'est eux qui feront la loi, d'ailleurs ils ont déjà commencé, il n'y a qu'à voir ce qui se passe à Drancy ou dans ces banlieues. Que des femmes voilées et des barbus, on ne peut plus y mettre les pieds, même la police… On va où, là, hein ? On va où ? »

C'est en prenant en compte ce climat particulier qu'il faut interpréter la forte demande liée à la laïcité qui se manifeste dans la société. Interrogés quelques semaines après les attentats sur les principes républicains les plus importants, les Français placent cette notion très largement en tête (46%), loin devant le suffrage universel (36 %), la liberté d'association (8 %) et la libre constitution des partis politiques ou la liberté syndicale (5 % chacune). Par rapport à une enquête de mars 2008, date à laquelle avait pourtant eu lieu le débat sur la « laïcité positive », la hiérarchie des réponses s'est inversée. À l'époque, le suffrage universel s'imposait avec 41 %, soit 5 points de plus qu'aujourd'hui, devant la laïcité à 30 % seulement. Ce dernier item était cependant déjà en légère progression par rapport à 2003 (+5 points). Il a donc fait un bond de 16 points par rapport à 2008, et ce mouvement d'opinion spectaculaire est bien sûr à mettre en lien avec les attentats. Cette progression est particulièrement marquée dans l'électorat UMP (+21 points), qui place désormais cette notion devant le suffrage universel (47 % contre 40 %), alors qu'en 2008 celle-ci surclassait très largement la laïcité dans l'électorat de droite (53 % contre 26 %). Le regain d'intérêt pour la laïcité s'exprime avec moins de force dans l'électorat socialiste (+9 points), mais ce dernier se montrait déjà à l'époque plus attaché à cette valeur que l'électorat UMP (36 % contre 26 %).

Le principe républicain jugé le plus important

Question : parmi les grands principes républicains suivants, lequel est selon vous le plus important ?

	Rappel juin 2003[1] (%)	Rappel mars 2008[2] (%)	Rappel Février 2015[3] (%)	Évolution (points)
La laïcité	25	30	46	+16
Le suffrage universel	42	41	36	-5
La liberté d'association	9	9	8	-1
La libre constitution des partis politiques	7	8	5	-3
La liberté syndicale	14	12	5	-7
Ne se sont pas prononcés	3	–		–
Total	100	100	100	

(1) Étude réalisée par l'Ifop pour *Le Journal du dimanche* les 12 et 13 juin 2003 auprès d'un échantillon de 960 personnes représentatif de la population française âgée de 18 ans et plus.
(2) Étude réalisée par l'Ifop pour *La Croix* les 6 et 7 mars 2008 auprès d'un échantillon de 959 personnes représentatif de la population française âgée de 18 ans et plus.
(3) Étude réalisée par l'Ifop pour *Sud-Ouest dimanche* du 3 au 5 février 2015 auprès d'un échantillon de 1 003 personnes représentatif de la population française âgée de 18 ans et plus.

Si, au lendemain des attentats, la laïcité est donc fortement plébiscitée parmi les valeurs républicaines, à quoi renvoie-t-elle pour les Français ? Chez 51 % des personnes interrogées (-5 points par rapport à une enquête de septembre 2008), elle est d'abord perçue comme « la possibilité laissée à chaque citoyen de pratiquer sa religion ». Pour 25 % (+1 point), c'est avant tout « l'interdiction de manifester son appartenance religieuse dans les services publics » quand 14 % (en progression de 6 points) y voient le « refus de toute forme de communautarisme » et 10 % seulement (-2 points) « l'absence de participation de l'État à l'édification des lieux de culte ». C'est donc toujours une définition « ouverte » de la laïcité qui prévaut aujourd'hui. Deux remarques s'imposent cependant.

D'une part, on peut penser, dans le contexte actuel, que la réponse « la possibilité laissée à chaque citoyen de pratiquer sa religion » englobe sans doute aussi la possibilité laissée à chaque citoyen de ne pas croire ou de ne pas subir celle des autres, selon l'adage bien connu : « La liberté des uns s'arrête là où commence celle des autres. » Pour le public étudié, promouvoir la laïcité et en réclamer une application plus stricte seraient alors perçus comme un moyen de protection face à un islam conquérant qui chercherait à imposer sa loi, comme on l'a vu précédemment.

D'autre part, on observe de fortes différences de définition selon les sensibilités politiques. La « possibilité laissée à chaque citoyen de pratiquer sa religion » est nettement plébiscitée dans l'électorat socialiste (57 %), mais moins dans celui de l'UMP (47 %) et du FN (35 %). À l'inverse, « l'interdiction de manifester son appartenance religieuse dans les services publics » fait beaucoup plus recette chez les sympathisants FN (38 %) que de l'UMP (29 %) ou du PS (19 % seulement). Et non seulement des écarts existent entre droite et gauche, mais l'impact des attentats a manifestement joué dans des sens opposés dans les deux familles politiques. Entre 2008 et 2015, la « possibilité laissée à chaque citoyen de pratiquer sa religion » passe de 46 % à 57 % dans l'électorat socialiste, mais reflue de 64 % à 47 % dans celui de l'UMP. Dans le même temps, ce dernier cite désormais davantage « l'interdiction de manifester son appartenance religieuse dans les services publics » (29 % contre 21 % à l'époque) quand cette définition fait désormais moins recette au sein de l'électorat socialiste (19 % contre 30 % en 2008), lequel opte de plus en plus pour une conception « ouverte ».

Cet attachement à la laïcité est d'autant plus répandu que ce concept est très élastique – comme celui de République – et renvoie, on l'a constaté, à des définitions bien différentes. Sous un appel à la réaffirmation de la laïcité et à la défense des valeurs républicaines, des points de vue très contrastés, voire opposés, ont pu s'agréger. On remarque par ailleurs que les événements de janvier ont produit des effets opposés. L'électorat de gauche en appelle davantage à la conception tolérante de la laïcité, quand la droite et le FN campent de plus en plus sur une laïcité de combat.

Et quand on ne raisonne plus en termes abstraits mais qu'on « nomme les choses », pour reprendre une expression qui a fait florès au lendemain des attentats, on s'aperçoit que les positions concernant l'expression de l'islam dans la sphère publique sont aujourd'hui majoritairement et massivement fermées. 72 % des Français sont ainsi favorables à l'interdiction du port du voile ou du foulard islamique dans les salles de cours des universités, et 68 % à cette même interdiction s'agissant d'une personne accompagnant des enfants lors d'une sortie scolaire[52]. Il est frappant de constater que, quelques semaines plus tôt seulement, l'opinion se positionnait dans des proportions totalement inverses à propos de la présence d'une crèche de Noël dans le hall d'entrée du siège du conseil général de Vendée. 71 % des personnes interrogées se déclaraient plutôt favorables à la présence de crèches dans les bâtiments publics car « cela constitue plus un élément de tradition culturelle qu'un symbole chrétien ». 18 % se montraient opposés, estimant, en bons laïcards, qu'il s'agissait « d'un symbole religieux incompatible avec les principes de neutralité et de laïcité du service

52. Sondage Ifop pour *Valeurs actuelles* réalisé par Internet les 18 et 19 mars 2015 auprès d'un échantillon national représentatif de 1 339 personnes.

public[53] ». À la lumière de ces chiffres, on voit de manière on ne peut plus crue que l'attachement au principe de laïcité est à géométrie variable. N'en déplaise à certains : si de nombreux Français redécouvrent aujourd'hui les vertus de la laïcité, ce n'est pas pour s'élever contre un catholicisme intransigeant qui reprendrait vigueur et voudrait reprendre la place qui était la sienne dans la société d'avant 1905 (il n'a d'ailleurs plus l'envie ni les troupes pour le faire). L'objectif est de s'opposer à l'islamisation telle que nous l'avons définie.

Le fait que la laïcité soit subitement plébiscitée renseigne aussi sur l'ampleur de l'effroi qui a saisi les Français quand ils ont constaté que, animés par la haine, des individus étaient entrés en guerre contre notre société et ses valeurs. En prolongement de cet attachement réaffirmé à une laïcité « à la française », l'opinion se montre également très favorable à la mise en place de rituels républicains. L'engouement pour la laïcité et la République place bien évidemment l'école en première ligne. Les scores d'approbation élevés dans un récent sondage concernant différentes mesures, y compris la plus polémique, la cérémonie du drapeau, montrent à quel point il paraît urgent et vital aux yeux de l'opinion de reprendre à la base (c'est-à-dire à l'école) la transmission des éléments du pacte républicain.

53. Sondage Ifop pour *Dimanche Ouest-France* réalisé par Internet du 10 au 12 décembre 2014 auprès d'un échantillon national représentatif de 1 008 personnes.

L'approbation à différentes propositions pour renforcer l'adhésion aux valeurs républicaines à l'école

Question : personnellement, seriez-vous très favorable, plutôt favorable, plutôt pas favorable ou pas favorable du tout à ce que[54]*…*

Récapitulatif : total « favorable »

	Ensemble des Français (%)	Sympathisants du Parti socialiste (%)	Sympathisants de l'UMP (%)	Sympathisants du Front national (%)
… *La Marseillaise* soit régulièrement chantée dans toutes les écoles et tous les établissements scolaires	68	62	80	78
… le port de l'uniforme soit réintroduit dans toutes les écoles et tous les établissements scolaires	57	46	71	65
… une cérémonie de salut au drapeau ait régulièrement lieu dans toutes les écoles et tous les établissements scolaires	51	46	61	65

Et, si cette demande émane d'abord des électorats de l'UMP et du FN, on ne peut qu'être frappé par le niveau d'adhésion à gauche : 46 % des sympathisants socialistes se déclarent favorables à l'organisation régulière de cérémonies de salut au drapeau.

54. Étude Ifop réalisée par Internet pour *Valeurs actuelles* du 21 au 23 janvier 2015 auprès d'un échantillon de 1 051 personnes, représentatif de la population française âgée de 18 ans et plus.

La question des menus halal dans les cantines scolaires a récemment ressurgi dans le débat public. Elle mêle deux attentes fortes : reforger le creuset républicain en donnant des repères communs aux jeunes générations ; lutter contre la diffusion de pratiques symbolisant l'appartenance revendiquée à la religion musulmane dans la sphère publique, et notamment dans l'enceinte scolaire, normalement sanctuarisée. Ce sujet est tout sauf anodin. Or on constate que, là aussi, une majorité de Français campent aujourd'hui sur une position intransigeante. 55 % sont favorables à la suppression des plats de substitution halal dans les cantines scolaires (contre 33 % opposés et 12 % sans opinion)[55]. Cette proportion atteint même 67 % chez les ouvriers, contre 52 % chez les cadres supérieurs.

55. Sondage Ifop pour *Valeurs actuelles* réalisé par Internet les 18 et 19 mars 2015 auprès d'un échantillon national représentatif de 1 339 personnes.

LE 11 JANVIER ET LE MORCELLEMENT DES NOUS

JE, NOUS, EUX

Du je au nous populaires

Les attentats donnent lieu à des discours à la première personne du singulier : chacun raconte l'histoire en parcourant les séries événementielles *comme il l'entend*. Autant de *je* qui racontent, autant de variations possibles. Le canevas reste le même : l'entremêlement des quatre séries. Cette diversité cadrée est déterminante car chaque personne qui raconte l'histoire à sa façon n'a pas le sentiment de réciter une leçon, mais de décrire ce qu'elle perçoit.

Tous ces discours sont compatibles entre eux. Ils forment un *tout* dans lequel chacun peut se reconnaître puisque, dans ce *tout*, chaque parcours subjectif est compatible avec tout autre parcours subjectif. Le *tout* résulte de multiples discours subjectifs qu'il englobe, formant ainsi une idéologie. Cet englobement des *je*, les discours à la première personne du singulier, constitue la condition de l'émergence d'un *nous*. Ce *nous* se constitue autour de la question de l'immigration. Il s'oppose à deux *eux* : d'une part les immigrés et leur descendance, d'autre part ceux qui ont une vision différente de la situation de la France.

Nous avons détaillé la façon dont la question de l'insécurité culturelle a été réactivée, remise en *actualité* par les attentats. La résurgence de la thématique de l'immigration l'a modifiée, densifiée par la connexion des quatre séries événementielles. De cette manière, la notion d'immigration est non seulement reconduite, mais renforcée, devenant un pilier de l'insécurisation des milieux populaires.

Durant le mois de janvier 2015, deux offres de *nous* sont entrées en concurrence. L'une, déjà présente, est celle de Marine Le Pen. L'autre est celle de la grande marche du 11 janvier.

Nous d'en haut, *nous* d'en bas

Le public que nous étudions a le sentiment d'un danger grandissant. Ce sentiment a longtemps été centré sur « eux-mêmes ». Il opposait ceux d'en haut et ceux d'en bas, les plus favorisés et les plus vulnérables. Ces Français parlaient souvent en disant *nous*. Nous, les gens d'en bas, nous qui subissons la crise, nous qui ne pouvons pas boucler notre budget, nous qui sommes confrontés à l'insécurité… nous les « laissés-pour-compte » de la crise, de l'Europe, de l'État, des partis politiques traditionnels (l'UMPS), de la mondialisation.

S'est ensuite développée l'idée que la relégation d'une partie de la population était l'indice d'une fragilisation du système social français dans son ensemble. De la même façon, les attentats de début janvier renforcent l'idée d'un péril qui, au-delà des plus vulnérables de ses citoyens, atteint aujourd'hui la République elle-même. Pour autant, l'attitude de ce public face à la marche d'unité nationale du 11 janvier et à l'identification du « Je suis Charlie » a été mitigée.

> « Je ne sais pas trop, je n'y suis pas allée… Je pouvais pas avec les enfants, je vais pas à des manifs avec mes enfants, on ne sait pas comment ça peut tourner… Et puis *Charlie* […]. Je ne suis pas Charlie, moi, je suis moi. J'ai pas envie de dire que je suis Charlie […]. Je sais c'est par rapport aux dessinateurs mais c'est pas le problème, les dessinateurs, enfin, ils se sont fait assassiner, ça c'est ultra grave mais c'est ça qui compte, c'est que des gens sont morts […]. La liberté d'expression… Oui, OK, mais c'est plus

que ça […]. Il n'y a pas que la liberté d'expression, ça va plus loin… » (Sandrine, Marseille).
« Et puis ils en ont fait trop, partout les affiches avec “Je suis Charlie” […]. C'est une récup […] de la pub… Moi, je sais pas trop ce que ça veut dire, qu'on est avec les familles […]. Et c'est vrai, c'est horrible pour elles, mais c'est toute la France, le problème, c'est pas seulement les familles… » (Miguel, Chartres).
« Moi je suis inquiet, très inquiet pour la France… Bien sûr que je suis un défenseur de la République… plus que de *Charlie*. Faut voir que, si ça dérape avec l'islam, c'est pas *Charlie* qui est en danger, c'est nous tous, et moi j'ai pas envie de ça du tout » (Étienne, région lilloise).

Même lorsque « Je suis Charlie » est compris comme le symbole de la liberté d'expression, même lorsque cette liberté d'expression est reconnue comme une valeur fondamentale de la République, s'identifier à cette expression est ressenti comme une restriction. Dire que l'on est Charlie et manifester par millions, c'est effectivement former un *nous* mais un *nous* qui, aux yeux de notre public, prend le problème de l'islamisation par le petit bout de la lorgnette. Ce nous des manifestations du 11 janvier n'inclut donc pas nécessairement ceux pour qui ces attentats sont le développement de ce qui les inquiète depuis des années. Se dessine un autre nous : celui des gens que l'on ne veut pas écouter et auxquels les attentats donnent pourtant raison.

Les deux *nous* s'opposent : le *nous* de ceux qui se sentent Charlie et le *nous* de ceux qui gardent leurs distances quand ils ne se montrent pas hostiles face à cette offre d'identification. Mais les deux nous se sont institués au nom de la République. C'est à ce titre que les uns se sont enthousiasmés devant le succès de la marche du 11 janvier. Mais c'est aussi au nom de la défense de la République que les autres sont restés dubitatifs devant les images des foules consensuelles défilant dans toute la France. « Moi, je veux bien l'union de tout le pays, je parle pas des politiques, là, mais des gens… Mais faut se rassembler pour se mettre d'accord sur quelque chose qui fasse la guerre aux djihadistes […]. Les gens, ils se rendent pas compte de ce qui se passe en vrai... Ils défilent et ensuite ça recommencera [...]. On va recommencer à laisser faire, à laisser rentrer les gens comme si on pouvait encore supporter tout ça alors que ça va finir en catastrophe. »

Ce sont les images parisiennes qui leur ont inspiré l'ironie la plus incisive : « Alors là, on les a vus, bras dessus, bras dessous... Et pas seulement les politiques français. Sarko qui veut se montrer [...]. Hollande, lui, pour une fois, il se fait pas siffler... Et tous les autres [...]. Et, pire que ça, il y avait des politiques étrangers qui n'avaient rien à faire là [...]. Ceux de pays arabes, je ne sais plus, du Golfe... Il y avait ces chefs d'État arabes qui financent le terrorisme islamiste et qui viennent défiler [...], une mascarade[56]... » (Martine, Marseille)

Eux

Si la fracture France d'en bas / France d'en haut demeure prégnante dans la façon qu'ont les catégories populaires d'appréhender la société, la problématique du nous et du eux a rejailli avec force à l'occasion des événements du mois de janvier. Cette grille de lecture n'est cependant pas nouvelle. Elle s'est imposée à mesure que l'on prenait collectivement conscience du fait que la société française était devenue multiculturelle, avec tout ce que cela signifie notamment pour les classes populaires, et que l'on a appelé, depuis notre essai *Le point de rupture*[57] : insécurité culturelle. Qui fixe les règles non écrites (code vestimentaire, type de commerce présent, rapports hommes / femmes) dans mon environnement ? Qu'en est-il de l'équilibre démographique dans mon quartier : est-ce qu'ils sont plus nombreux que nous ? Comment réécrit-on les règles du vivre ensemble ? Quelle laïcité, quelle mixité sociale/ethnique à l'école ? Pour une bonne partie des milieux populaires (« de

56. Ces propos font écho à ceux de Marine Le Pen qui, dans une conférence de presse tenue le 13 janvier, soit quelques jours après les attentats, a qualifié de « mensonge d'État » les relations privilégiées que la France maintient avec des pays comme le Qatar et l'Arabie Saoudite qui, selon elle, « aident, arment, financent le fondamentalisme islamiste ». Il fallait selon elle « d'urgence revoir la politique étrangère de la France » à l'égard de ces deux États.

57. Jérôme Fourquet et Alain Mergier, *Le point de rupture. Enquête sur les ressorts du vote FN en milieux populaires*, Fondation Jean-Jaurès, août 2011.

souche »), tout cela était déjà pressenti ou intégré depuis longtemps, mais les attentats et tout ce que cela a remué ont eu pour effet de déchirer le rideau et de mettre ces sujets brutalement sur la table ; d'où le « maintenant il va falloir nommer / dire les choses ».

L'une des idées-forces ou des images qui sous-tendent tout cela est la diffusion de la population issue de l'immigration hors des banlieues et des grandes agglomérations où elle aurait été historiquement cantonnée. Dans les zones périurbaines situées dans la grande périphérie des métropoles (une partie du Val-d'Oise, de l'Oise, de la Seine-et-Marne, de l'Aisne pour la région parisienne, et des communes comme Aubagne pour Marseille, par exemple), ceci vient alimenter une crainte très répandue « d'être rattrapé par la banlieue » en raison de l'étalement urbain[58] et du développement des moyens de transport collectifs. Plus loin, quand on s'éloigne des zones péri-urbaines, pour de nombreux individus appartenant aux catégories populaires et résidant en province, la physionomie de leur ville et le visage des populations rencontrées sur les marchés ou en centre-ville ont changé en l'espace d'une dizaine ou d'une quinzaine d'années. C'est particulièrement frappant et connu concernant de petites communes méditerranéennes comme Saint-Gilles, Beaucaire, Tarascon ou bien encore Carpentras, où les logements anciens et dégradés du centre-ville ont accueilli une proportion croissante de familles maghrébines pauvres, les habitants « historiques » les délaissant au profit de logements plus spacieux et modernes situés en périphérie. Mais c'est également le cas dans des villes moyennes ou grandes appartenant à des régions historiquement délaissées par l'immigration. C'est là que s'est propagée depuis quelques années la « rumeur du 93 ». D'après celle-ci, les municipalités concernées auraient passé des conventions avec le Conseil général de Seine-Saint-Denis pour accueillir des familles « noires » en échange de subventions. Le pointage de différents journaux indique que cette rumeur a circulé à Poitiers, Limoges, Châlons-en-

58. Voir à ce propos le livre de Christian Duplan, *Mon village à l'heure Le Pen*, Paris, Le Seuil, 2003. Il dresse le portrait politique et social de Haramont, village du sud de l'Aisne qui s'est progressivement dévitalisé et transformé en commune-dortoir.

Champagne, Saint-Quentin, Reims, Vitry-le-François, Soissons, Tulle, Nevers, Guéret, La Souterraine, Montluçon, Le Mans ou bien encore Niort. On voit que l'éventail des villes est varié, tant en termes de taille que par l'étiquette politique de leur maire. Cependant, le principal point commun réside dans le fait que l'immigration extra-européenne n'a jamais été importante dans ces communes mais qu'elles se situent toutes en marge des zones les plus concernées par ce phénomène d'arrivées de populations issues de l'immigration. Elles sont en quelque sorte à la pointe du front de diffusion de l'immigration. C'est ce que montre la carte suivante.

Que certains aient eu intérêt à propager pareille rumeur ne fait pas de doute. Mais ce qui nous intéresse ici est de comprendre la signification sociologique de cette rumeur dans ce type de villes et de nous interroger sur sa fonction. On peut formuler l'hypothèse que cette légende urbaine a fourni à une partie de la population locale une clé de compréhension pour appréhender les changements démographiques qu'elle a pu observer ces dernières années dans son environnement de proximité.

Il est intéressant d'observer que cette « rumeur du 93 » parle de populations « noires » (l'immigration subsaharienne étant la plus récente) alors que, d'après Pascal Froissart, auteur de *La Rumeur. Histoire et fantasme*[59], une telle rumeurs avait déjà circulé il y a vingt-cinq ans, mais à propos de Maghrébins, population liée à une immigration plus ancienne. On le voit, étudier ce type de rumeurs est des plus utiles : cela permet d'identifier les images qu'elle charrie et les représentations sociales auxquelles elle renvoie.

59. Pascal Froissart, *La Rumeur. Histoire et fantasme*, Paris, Belin, 2002.

Communes où s'est propagée la « rumeur du 93 »

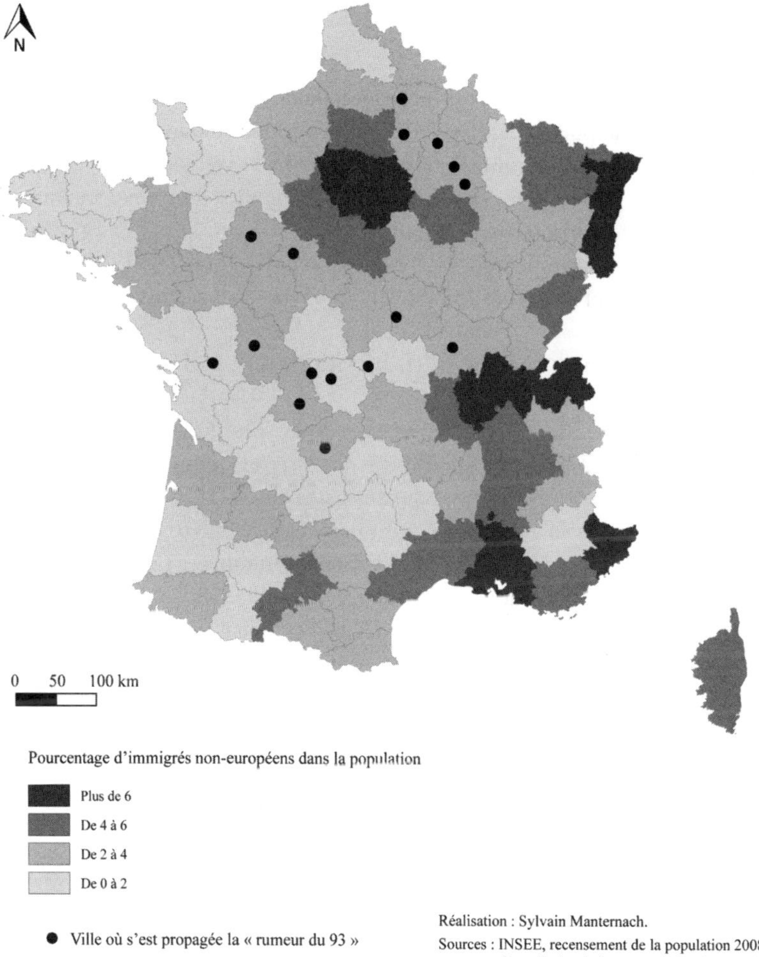

Réalisation : Sylvain Manternach.
Sources : INSEE, recensement de la population 2008.
Compilation de la presse nationale et régionale.

FOCUS SUR CREIL ET AULNAY-SOUS-BOIS : QUAND LE CLIVAGE ETHNIQUE VIENT STRUCTURER LES VOTES EN PROFONDEUR

Que cette rumeur se soit propagée dans des villes à faible ou très faible proportion de population issue de l'immigration témoigne également de la place grandissante de la question ethnique dans la vie sociale et dans les grilles de lecture permettant aux citoyens d'appréhender leur environnement et ses évolutions. *A fortiori*, dans certaines communes où la population issue de l'immigration non européenne est très nombreuse, la question ethnique est devenue prégnante et structure le vote, y compris pour des scrutins locaux.

« Ensemble, défendons une certaine idée de Creil »

Si l'on prend le cas emblématique de la ville de Creil dans l'Oise, située à quelques dizaines de kilomètres de Paris et comptant un tiers de prénoms d'origine arabo-musulmane sur ses listes électorales, on constate que le clivage ethnique et la grille de lecture *nous* et *eux* ont très puissamment imprimé leur marque sur la dernière élection municipale, tant concernant l'intitulé et la composition des listes que la géographie des votes. Dans cette ville, la première en France où s'est exprimée la revendication de porter un voile musulman au collège (l'affaire dite « du foulard » en 1989), le second tour opposait trois listes : une de droite, une de gauche conduite par le maire sortant et une divers gauche emmenée par un ancien adjoint issu de l'immigration, Hicham Boulhamane. La liste de droite s'intitulait « Ensemble, défendons une certaine idée de Creil » et ne comptait que trois colistiers sur trente-neuf portant un prénom d'origine arabo-musulman, contre vingt colistiers pour la liste du maire sortant et vingt-sept pour celle qui s'appelait « Génération Creil ». Cette dernière, par son nom et sa composition, visait d'abord la population issue de l'immigration, quand le candidat de droite ciblait prioritairement l'électorat « blanc ». Le maire sortant, quant à lui, ambitionnait de s'adresser aux deux composantes de la population creilloise. Sa liste s'intitulait : « Creil : une ambition partagée ». Or, comme le montrent les deux cartes suivantes, l'électorat non issu de l'immigration résidant sur la rive droite de l'Oise (située au nord sur la carte) et dans le centre-ville (bureau n° 1) a choisi de manière assez marquée la liste de droite, se retrouvant dans son « idée de Creil ». De leur côté, les quartiers à forte population issue de l'immigration (plateau Rouher, où sont implantés de grands ensembles ainsi que le collège qui défraya la chronique en 1989) ont opté massivement pour les deux listes de gauche.

Creil : la proportion de personnes inscrites sur les listes électorales ayant un prénom arabo-musulman par bureau de vote

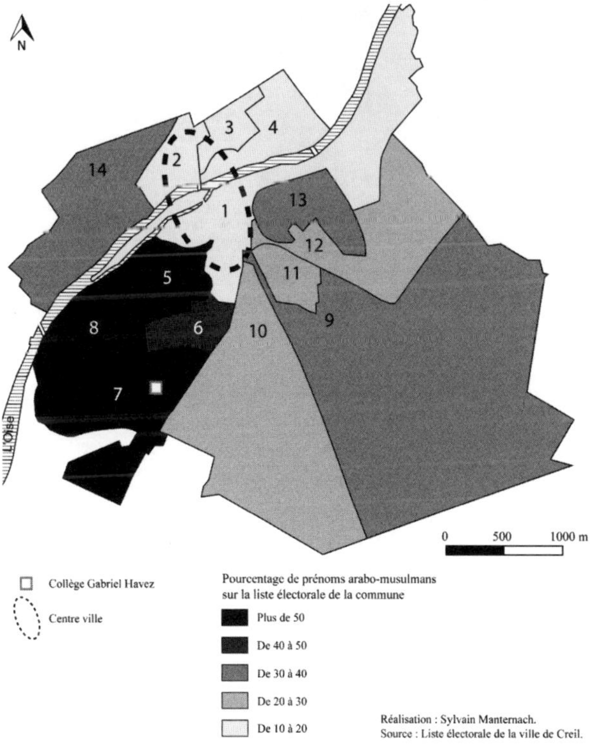

Creil : le résultat de la liste de droite au second tour des municipales de 2014 par bureau de vote

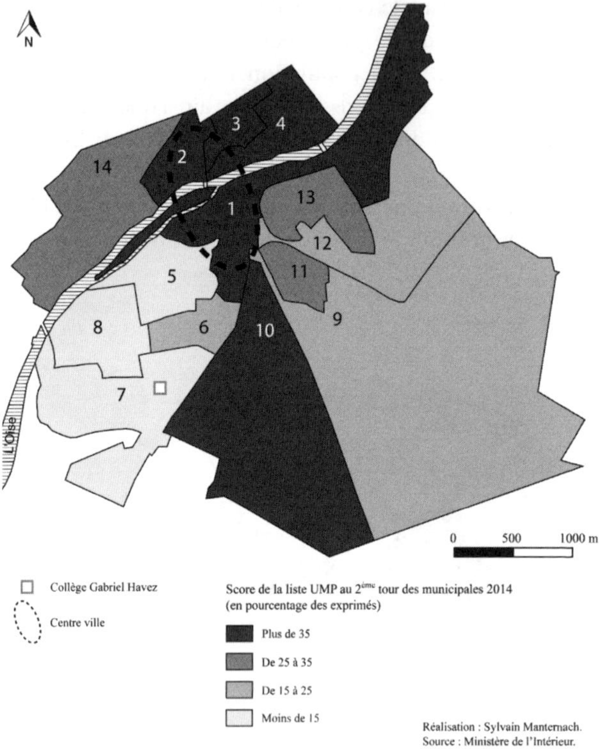

Aulnay : nous et eux de part et d'autre de la frontière

Si le clivage ethnique s'est articulé à Creil sur l'opposition gauche/droite, c'est en raison de l'absence de liste FN aux élections municipales. Mais on s'aperçoit que le vote FN demeure extrêmement polarisé autour de ce clivage ethnique. Lors de la présidentielle de 2012, cela a été le cas dans de nombreuses villes. Prenons le cas d'Aulnay-sous-Bois, commune de Seine-

Saint-Denis comptant 34 % de prénoms arabo-musulmans sur ses listes électorales. En 2012, le vote FN s'y est avéré très structuré spatialement. L'établissement de la carte des bureaux de vote fait apparaître une frontière très nette. Le niveau atteint par Marine Le Pen au premier tour de la présidentielle variait sensiblement entre deux groupes de bureaux pourtant contigus, mais séparés par cette frontière. Or, comme dans d'autres villes, on s'aperçoit que le poids de la population issue de l'immigration diffère également sensiblement des deux côtés de cette « ligne de démarcation ». Les quartiers à forte proportion de prénoms d'origine arabo-musulmane (de 35 à 50 %) se trouvent au nord de cette ligne. Au sud, cette part est nettement plus faible (entre 11 et 20 %) et le FN, en revanche, plus fort. C'est ce que montrent les deux cartes ci-dessous.

Aulnay-sous-Bois : la proportion de personnes inscrites sur les listes électorales ayant un prénom arabo-musulman par bureau de vote

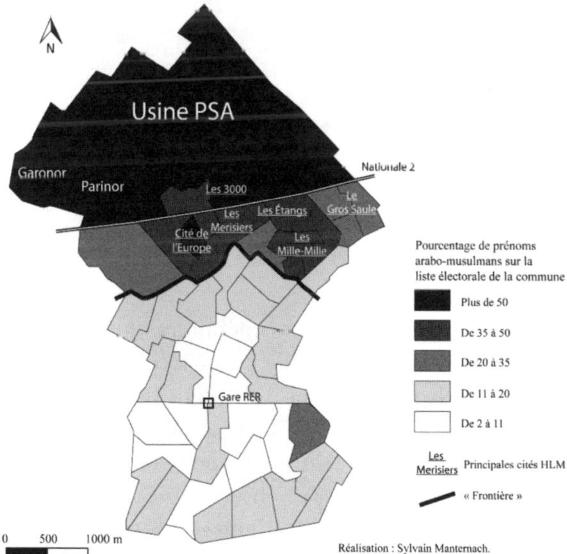

Réalisation : Sylvain Manternach.
Source : Liste électorale de la ville d'Aulnay-sous-Bois.

Aulnay-sous-Bois : le résultat de Marine Le Pen au premier tour de la présidentielle de 2012 par bureau de vote

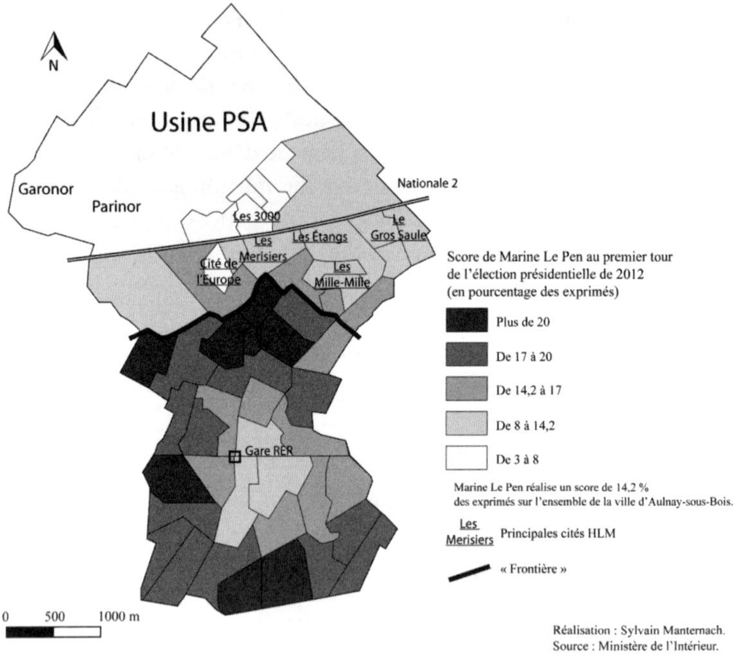

Grâce au plan de la ville et à la définition du périmètre des bureaux de vote, on peut tracer cette frontière de manière très précise. Elle commence à l'ouest de la ville par la rue Clément-Adler, puis suit la rue Gaspard-Monge, le chemin des Prés-de-la-Garenne, puis elle se poursuit par la rue des Saules, l'allée de Savoie et se termine à l'est par l'avenue Dupuis. Quand on navigue sur Google Maps pour se déplacer et observer, tel un drone sociologique, la morphologie de ces quartiers de part et d'autre de cette frontière, la différence de bâti saute aux yeux. Au sud de cette frontière intra-urbaine n'apparaissent que des quartiers totalement pavillonnaires[60] alors que, au nord, on trouve un habitat mixte mêlant logements collectifs et maisons individuelles. Les quatre bureaux jouxtant cette frontière par le nord (numéros 30, 34, 35 et 37) constituent une zone de transition[61]. Passé ce rideau, on tombe immédiatement sur des quartiers ne comportant que des barres et des tours. Les bureaux 31, 32 et 35 correspondent aux cités de l'Europe, des Merisiers et des Étangs ; les bureaux 49, 50 et 51, à la cité du Gros Saule. Ces quartiers sont bordés au nord par la nationale 2, véritable pénétrante au-delà de laquelle sont implantés d'autres quartiers de grands ensembles (avec quelques îlots pavillonnaires). Parmi ceux-ci figure la cité des 3 000, construite pour loger la main-d'œuvre du site Citroën (racheté plus tard par PSA) situé à proximité, à l'extrême nord de la commune d'Aulnay.

Comme le montre la seconde carte, à mesure que l'on se dirige vers le nord, le vote FN tend à décliner. Mais le décrochage le plus important ne se produit pas au niveau de la nationale 2, qui constitue pourtant une coupure physique dans le tissu urbain. Il a lieu un peu plus au sud, le long de l'axe décrit précédemment qui matérialise la fin de l'univers pavillonnaire et l'entrée dans un espace de transition faisant office de *limes* entre ces quartiers pavillonnaires et les cités. En bordure sud de cet axe, la proportion de prénoms d'origine arabo-musulmane n'est que de 16 % en moyenne dans les bureaux 6, 8, 28, 29 et 38 totalement pavillonnaires. Le vote FN est dopé par cette situation d'avant-poste, atteignant 20,5 % quand, juste de l'autre côté de la rue, dans les bureaux 30, 34, 35 et 37 mêlant habitat collectif et maisons individuelles, le taux de prénoms d'origine arabo-musulmane grimpe à 34,5 % et le vote FN décroche à 14,5 %. Dans les bureaux 31, 32 et 33 correspondant à de grands ensembles et qui jouxtent au nord ce limes, la proportion de prénoms d'origine arabo-musulmane augmente encore pour atteindre 48 %, et le vote FN s'affaisse également encore (8 %).

60. Quartier Balagny et sud du quartier Maximilien-Robespierre.

61. Ils correspondent à la partie nord du quartier Maximilien-Robespierre et à une partie du quartier Ambourget.

Cette variation très brutale du niveau de vote Le Pen en l'espace de seulement quelques centaines de mètres n'est pas uniquement la résultante mécanique des différences de composition ethno-démographique des bureaux de vote. Elle s'explique aussi par toutes les interactions réelles et symboliques liées à cette situation de frontières entre deux univers urbains aux représentations très différentes. On notera à ce propos que l'image des cités du nord d'Aulnay ne peut qu'être anxiogène pour la population des quartiers pavillonnaires vivant en bordure, qu'il s'agisse de violences urbaines ou de criminalité. Certains de ces quartiers se sont particulièrement distingués lors des émeutes de novembre 2005. Dans le quartier du Galion, situé dans la cité des 3 000, le poste de police a été pillé puis incendié, ainsi que deux classes d'école primaire. Des affrontements violents avec les forces de l'ordre ont eu lieu dans la cité des Mille-Mille et la concession Renault, implantée dans le quartier de l'Europe, a été entièrement détruite par les flammes, tout comme un entrepôt de 15 000 mètres carrés dans la zone de Garonor. Ce sont des images qui ont fortement marqué les esprits, et ces représentations négatives sont régulièrement entretenues par la chronique des faits divers.

Les cas de Creil et d'Aulnay-sous-Bois sont certes caricaturaux, mais une telle ségrégation ethnopolitique de l'espace urbain se retrouve dans d'autres villes, notamment Marseille, Mantes-la-Jolie, Sarcelles. D'autre part, ces cas permettent, telle une loupe grossissante focalisée sur un terrain très précocement concerné par une importante immigration, de bien appréhender l'émergence de la dimension ethnique dans les comportements électoraux. Elle se produit certes à bas bruit, mais de manière certaine dans de très nombreux territoires.

D'AUTRES *NOUS*

La communauté juive a éprouvé l'insécurisation précocement et de manière intense

Les attentats du mois de janvier, et notamment l'attaque du supermarché Hyper Cacher de la porte de Vincennes, ont suscité une très vive émotion dans la communauté juive. Mais on peut avancer l'hypothèse que, pour traumatisants qu'ils aient été, ils n'ont pas représenté un événement fondateur dans cette partie de la société française. Il est permis de penser que, à l'instar de ce que nous avons décrit précédemment, et sans doute de manière plus évidente encore, ces attentats ne sont venus que confirmer de manière dramatique un diagnostic qui s'était progressivement imposé depuis une dizaine d'années. Une part croissante de la communauté juive s'est en effet sentie de plus en plus menacée par la montée de l'antisémitisme dans la population arabo-musulmane[62]. C'est là la résultante d'une série d'événements marquants qui se succèdent depuis quinze ans et du *bruissement* constitué par des faits moins spectaculaires, mais qui font écho à une expérience quotidienne. Sans être exhaustifs, rappelons les principaux faits qui ont scandé ces quinze dernières années.

62. Des données d'études confirment la prévalence d'idées antisémites dans cette partie de la population. Une enquête Ifop réalisée pour la Fondapol a ainsi récemment montré que les opinions antisémites étaient nettement plus fréquentes parmi les personnes nées dans une famille musulmane que dans l'ensemble de la population. 67 % des personnes d'origine musulmane estiment par exemple que « les juifs ont trop de pouvoir dans le domaine de l'économie et de la finance » (soit 42 points de plus que dans l'ensemble de la population), 61 % que « les juifs ont trop de pouvoir dans le domaine des médias » (soit 39 points de plus) et 53 % que « l'interdiction du spectacle de Dieudonné n'était pas justifiée » (soit 27 points de plus que dans la moyenne de la population). Enquêtes réalisées du 4 au 9 octobre 2014 en face-à-face auprès d'un échantillon de 575 personnes âgées de 16 ans et plus déclarant être nées dans une famille musulmane et sur Internet du 26 au 30 septembre 2014 auprès d'un échantillon national représentatif de 1 005 personnes âgées de 16 ans et plus.

Chronologie non exhaustive des agressions, attaques et attentats antisémites depuis 2000

— Octobre 2000 : début de la seconde Intifada. On recense 119 actions violentes antisémites cette année-là, contre seulement 9 l'année précédente [63].
— Décembre 2001 : un incendie détruit une classe de l'école Ozar-Hatorah de Créteil.
— Avril 2002 : la synagogue Or-Aviv de Marseille est ravagée par un incendie criminel. Une vague d'attaques aux cocktails Molotov vise alors d'autres synagogues françaises.
— Avril 2002 : 14 footballeurs de l'association Maccabi sont agressés à Bondy (Seine-Saint-Denis). À Paris, l'autocar scolaire d'une école juive essuie des jets de pierres.
— Juillet 2003 : une attaque à la barre de fer est dirigée contre les élèves d'une école loubavitch à Paris.
— Novembre 2003 : une école juive est dévastée par le feu à Gagny (Seine-Saint-Denis).
— Mai 2005 : deux individus lancent des bouteilles d'acide chlorhydrique sur une école juive du XVIIIe arrondissement à Paris.
— Novembre 2005 : la synagogue de Pierrefitte-sur-Seine (Seine-Saint-Denis) est visée par un cocktail Molotov.
— Janvier 2006 : Ilan Halimi est enlevé, séquestré, torturé puis exécuté par « le gang des barbares ».
— Janvier 2009 : les synagogues de Toulouse et Saint-Denis sont attaquées de nuit à coups de cocktails Molotov alors qu'Israël a lancé l'opération « Plomb durci » à Gaza.
— Septembre 2009 : un engin incendiaire est lancé contre une école juive à Marseille.
— Mars 2011 : en région parisienne, un jeune de 15 ans de confession juive est

63. Chiffres d'un rapport du CNCDH.

pris à partie par une quinzaine de jeunes, roué de coups au sol et traité de sale juif. Quelques jours plus tard, un jeune de 19 ans également de confession juive est frappé en boîte de nuit par des individus qui lui lancent : « Nous, on est la bande de Gaza, voilà ce qu'on fait aux mecs de Jérusalem. »

— Mars 2012 : circulant à scooter et muni d'une caméra GoPro, Mohamed Merah ouvre le feu dans l'école Ozar-Hatorah à Toulouse, faisant quatre morts et un blessé grave.
— Juin 2012 : trois jeunes juifs portant la kippa sont agressés à Villeurbanne à coups de marteau et de barre de fer par un groupe de jeunes se réclamant de Mohamed Merah.
— Septembre 2012 : une épicerie casher de Sarcelles est attaquée à la grenade. On apprendra que cette agression est le fait de la cellule djihadiste dite de Cannes-Torcy.
— Mai 2014 : le Français Mehdi Nemmouche attaque le Musée juif de Bruxelles, faisant trois morts.
— Juillet 2014 : des magasins juifs de Sarcelles et la synagogue de la rue de la Roquette à Paris sont attaqués en marge de manifestations contre l'opération « Bordure protectrice » lancée à Gaza.
— Décembre 2014 : un couple juif est séquestré dans son appartement de Créteil. La jeune femme est violée et leur appartement cambriolé.
— Janvier 2015 : l'Hyper Cacher de la porte de Vincennes est la cible d'une attaque perpétrée par Amedy Coulibaly qui tua quatre personnes.

Ces faits ont eu un impact démultiplié dans la communauté juive, et ce d'autant plus qu'ils se sont déroulés pour la plupart en région parisienne, où réside environ la moitié de cette population. Leur enchaînement a puissamment contribué à forger une représentation de la menace arabo-islamiste. Il lui a donné progressivement la force de l'évidence validée par ces faits d'actualité et de la vie quotidienne.

Plusieurs autres points communs se font jour avec la description faite précédemment. D'une part, cette réalité qui apparaissait chaque jour des plus évidentes et incontestables aux yeux de la communauté juive a longtemps été niée ou minimisée par le pouvoir, les médias[64], voire le reste de la société. Entre 2000 et 2001, les agressions antisémites se sont multipliées sur fond de déclenchement de la seconde Intifada. Le ministre de l'Intérieur socialiste, Daniel Vaillant, pourtant élu de l'Est parisien où réside une importante communauté juive et où de nombreux incidents et agressions ont eu lieu, a relativisé à plusieurs reprises la situation. L'identité des agresseurs a été le plus souvent tue pour « ne pas attiser les tensions ». De la même façon, Jacques Chirac, alors président de la République, a déclaré le 26 janvier 2002 : « Il n'y a pas de poussée d'antisémitisme en France. » Les Français de confession ou d'origine juive ne partageaient apparemment pas le même diagnostic. Quelques mois plus tard, le 7 avril 2002, à quelques jours du premier tour de l'élection présidentielle, une grande manifestation réunit à Paris près de 100 000 personnes, très majoritairement de confession juive, derrière le slogan « Contre les actes antisémites et pour la sécurité d'Israël[65] ». Ce sentiment d'une négation du problème vécu ou, du moins, d'une prise de conscience insuffisante, voire d'une indifférence de la part du reste de la société et des responsables politiques, s'est renforcé au fil du temps. À mesure que les actes de violence à son encontre se succédaient, la communauté juive s'est sentie de plus en plus abandonnée. Les propos de deux personnes d'origine juive cités dans un récent article consacré à l'après-11 janvier l'illustrent parfaitement[66]. Charles déclare : « Enfin, on sent que les choses bougent. Les pouvoirs publics mettent en place les mesures nécessaires, la population prend conscience des problèmes posés dans les banlieues par une partie de la population musulmane, les médias osent appeler un chat un chat, les professeurs racontent ce qui se passe dans leurs écoles,

64. On retrouve ici la même opposition entre « ceux qui regardent la réalité en face et ceux qui ne veulent pas voir » que nous avons évoquée plus haut.

65. Alain Madelin, qui a pris part à cette manifestation et a adressé différents signaux à cet électorat durant la campagne électorale, a obtenu 21,5 % des voix dans cette catégorie de la population (contre 3,9 % seulement au plan national) quand Jacques Chirac n'atteignait que 14,5 % dans l'électorat juif. Se sentant menacée, une partie de la communauté juive a désigné son champion à droite. Ce choix a été massif à Sarcelles où, dans les quatre bureaux de vote correspondant au quartier juif, appelé communément la « petite Jérusalem », le leader de Démocratie libérale a engrangé 40 % des voix contre seulement 10 % pour Jacques Chirac, sans doute suspecté d'une trop grande sympathie « pro-arabe ».

66. *L'Obs* du 22 janvier 2015.

qu'on ne peut pas parler de Shoah, que la minute de silence en hommage aux victimes des derniers attentats n'a pas été respectée. » Maya ajoute : « Mais il a fallu que les dessinateurs de *Charlie hebdo* soient tués pour qu'on en arrive là. S'il n'y avait eu que les victimes juives de l'Hyper Cacher, personne ne serait allé manifester. On l'a bien vu lors des précédents attentats de Toulouse, Montauban et Bruxelles, quasiment aucune réaction. Notre fille aînée s'est mariée le 26 février 2006, le jour de la marche en hommage à Ilan Halimi. Tous les invités étaient venus avec des baskets dans leur sac pour ensuite rejoindre le cortège. Il n'y avait pratiquement que des juifs à la manifestation. »

Hormis la cécité des autorités et d'une partie de la société, mise en rapport par les membres de la communauté juive avec la montée en puissance de ce phénomène qui apparaissait à leurs yeux évidente et hélas très concrète, un autre élément de diagnostic est partagé avec les individus des catégories populaires que nous avons rencontrés. Il s'agit de l'imbrication et du glissement entre délinquance ordinaire et actes de terrorisme. Les profils et les parcours des Merah, Nemmouche, Kouachi et Coulibaly sont très éloquents de ce point de vue. Ces délinquants de cités ont progressivement basculé dans le terrorisme. De la même façon, on rackette et on agresse des juifs parce qu'ils sont censés posséder de l'argent. Le « gang des barbares », dirigé par Youssouf Fofana, avait planifié le kidnapping d'Ilan Halimi car « les juifs sont riches et se serrent les coudes et ils paieront donc une rançon ». Puis le motif s'est déplacé sur le fait qu'ils étaient juifs et soutenaient nécessairement Israël. Il fallait se venger ici, en France, des exactions que Tsahal faisait subir à des coreligion-naires dans les territoires occupés ou à Gaza.

On touche ici au troisième trait commun entre la population juive et les individus des milieux populaires que nous avons rencontrés. Il s'agit des liens et des va-et-vient entre la situation en France et la géopolitique moyen-orientale. Le translocalisme fonctionne, on l'a vu pour la perception du développement de l'activité djihadiste en France. Ce que l'on a appelé l'importation du conflit israélo-palestinien en France, et plus particulièrement dans les banlieues, est un autre exemple de ce translocalisme. Ces tensions croissantes ont contribué à ethniciser très fortement les rapports sociaux dans de nombreuses communes, avec comme ultime aboutissement le déménagement de familles juives vers des villes ou des quartiers plus « sûrs » – c'est-à-dire comportant une population juive significative, avec une logique de regroupement communautaire. Ces stratégies résidentielles ne sont pas sans rappeler le départ des classes moyennes et modestes, non issues de l'immigration et résidant en Seine-Saint-Denis, vers le périurbain (Val-d'Oise, Oise et Seine-et-Marne). En Seine-Saint-Denis, des familles juives sont parties pour Sarcelles ou vers certains quartiers du XIXe arrondissement de Paris. Dans le Val-de-Marne, on observe un phénomène similaire, avec le départ de ménages juifs de Créteil relativement aisés pour La Varenne-Saint-Hilaire, Vincennes ou Saint-Mandé. Si la dégradation de son environnement de proximité peut conduire à opter pour un autre choix résidentiel, cette volonté peut aller jusqu'au départ pour Israël. Le graphique suivant montre la très forte progression du nombre d'*aliyot* ces dernières années, et particulièrement les deux dernières, avec comme élément déclencheur l'attaque de Mohamed Merah contre l'école Ozar-Hatorah de Toulouse[67].

67. Et si l'on se concentre uniquement sur le cas de la ville de Toulouse, les chiffres des départs vers Israël enregistrés par l'Agence juive sont assez explicites et rendent bien compte de ce point de basculement, sachant qu'il y a toujours un délai de latence assez long entre la décision de partir et la concrétisation effective du départ vers Israël du fait de toutes les formalités et démarches qu'un tel projet implique. On n'enregistrait en effet aucun départ depuis Toulouse en 2012, puis 24 en 2013 et 104 en 2014…

L'émigration des Français en Israël depuis 1967

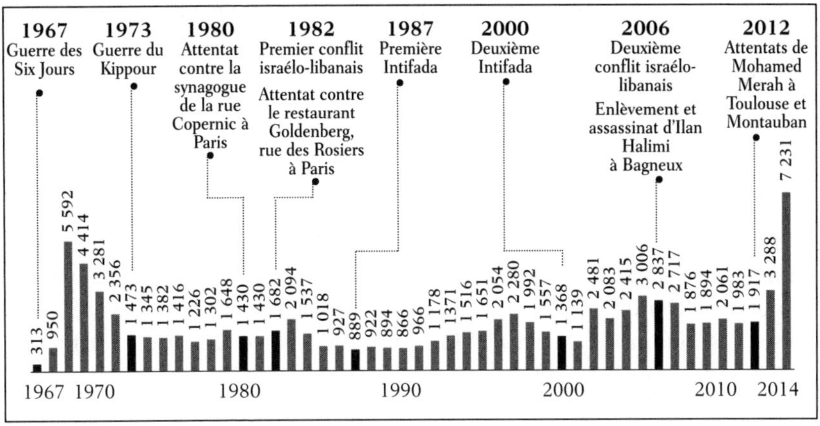

Source : L'Agence juive pour Israël.

Si, comme on vient de le voir, les mécanismes identifiés sont assez proches dans une partie des milieux populaires étudiés et dans la population juive, l'intensité de la menace, la violence et le caractère répété et ciblé des attaques ont conduit dans cette population spécifique à l'émergence précoce de cette grille de lecture de l'islamisation, avec des choix radicaux pour certains : le départ pour Israël ou le vote FN. Ce dernier a en effet progressé dans l'électorat juif, atteignant 13,5 % en 2012 contre seulement 4,5 % en 2007[68].

Une moindre mobilisation des populations arabo-musulmanes lors des manifestations du 11 janvier ?

Bien que la foule des cortèges du 11 janvier ait été relativement bigarrée, de nombreux reportages publiés dans la presse ont montré que la

68. Voir à ce sujet *Ifop Focus* n° 116 : « Les votes juifs : poids démographique et comportement électoral des juifs de France », août 2014.

mobilisation pour *Charlie* n'allait pas nécessairement de soi pour une partie de la population de confession musulmane. Sans aller jusqu'à approuver les attentats, de nombreux musulmans ont déclaré aux journalistes qu'ils avaient été blessés par les caricatures du Prophète publiées dans *Charlie hebdo*. D'autres ont évoqué leur incompréhension face au fait que Dieudonné soit condamné pour ses propos, et pas *Charlie hebdo* pour ses dessins. D'autres, enfin, ne se sont pas vraiment sentis concernés par cet appel à la mobilisation. Certains observateurs ont mis en avant cette posture distanciée d'une partie de la population musulmane pour expliquer le nombre relativement faible de manifestants à Marseille. Dans cette ville, 115 000 manifestants ont été comptabilisés entre le samedi et le dimanche pour une population de 850 000 personnes, soit un ratio de 14 %. C'est très en deçà de la moyenne nationale – 28 manifestants pour 100 habitants.

Même en mettant en regard ville par ville le taux de manifestants et le poids de la population immigrée, il est difficile de statuer statistiquement sur cette question. D'une part, la population immigrée recensée par l'Insee équivaut en moyenne à9 % de la population des villes sur lesquelles nous avons travaillé. Ce taux relativement limité n'est pas de nature à peser suffisamment sur les scores globaux – contrairement au vote en faveur de Marine Le Pen, qui s'établissait en moyenne à 16 % sur l'ensemble de ces villes. D'autre part, la population musulmane ne correspond pas à la population immigrée. De nombreux immigrés ne sont pas de confession musulmane et, inversement, une partie des musulmans (de la deuxième et de la troisième génération) n'est pas immigrée puisqu'elle est née française en France.

Si toutefois l'on croise le ratio de mobilisation avec le pourcentage d'immigrés dans la population locale, on obtient les résultats suivants.

Ratio entre le nombre de manifestants et le nombre d'habitants en fonction de la proportion d'immigrés dans la commune

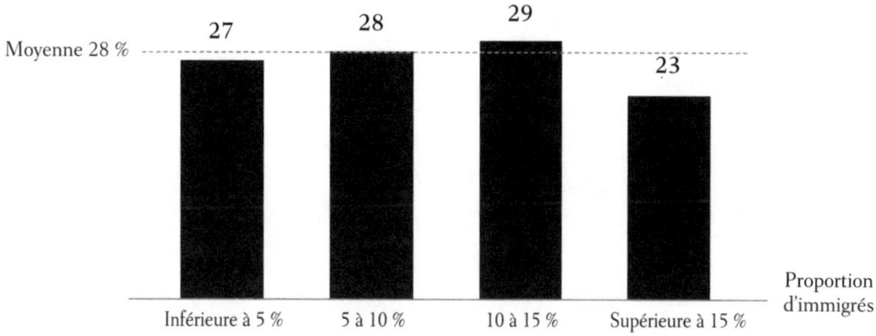

Dans les communes comportant moins de 5 % d'immigrés, on a compté en moyenne 27 % de manifestants pour 100 habitants.

Source : calculs de l'Ifop sur la base des données du recensement et des données communiquées par la presse et le ministère de l'Intérieur.

Ces tendances ne sont guère probantes. On peut juste noter que, dans la strate de communes abritant les populations immigrées les plus nombreuses (plus de 15 % de la population communale), le taux de mobilisation est un peu plus faible qu'ailleurs. Un certain nombre d'exemples illustrent ce constat : seulement 8 % de mobilisation à Nice ou Montbéliard, 17 % à Strasbourg, 18 % à Saint-Claude et 19 % à Orléans. Mais d'autres villes comptant d'importantes communautés immigrées ont affiché des taux de mobilisation plus élevés : 30 % à Apt, 31 % à Vienne, 32 % à Blois et 35 % à Saint-Étienne. Au regard de ces données, l'hypothèse d'un boycott massif des manifestations de la part des musulmans est invalidée, même si l'on peut penser que la mobilisation a été moins forte dans cette partie de la population qu'ailleurs. Il conviendrait d'ailleurs d'engager un travail qualitatif approfondi pour analyser comment les événements de janvier ont été ressentis par les personnes de confession musulmane ou d'origine maghrébine.

LE VOTE FN : CONSOLIDATION AVANT PROPAGATION ?

SYNCRÉTISME IDÉOLOGIQUE

Dans les parcours des quatre séries événementielles que nous avons évoquées plus haut, les personnes interrogées revendiquent une capacité à considérer les choses pour ce qu'elles sont. Elles ne font que très rarement référence au discours de Marine Le Pen et utilisent des expressions comme : « Si on regarde les choses comme elles sont », « Il faut regarder les choses en face », « Il faut bien se rendre à l'évidence », « Il faut reconnaître que », « Force est de constater que ». Ces expressions qui introduisent l'incrimination de l'immigration prétendent à un point de vue objectivant et autonome.

Les personnes que nous avons interrogées et qui, rappelons-le, déclarent elles-mêmes être tentées par le vote en faveur du Front national, sont de sensibilités idéologiques diverses, de droite traditionnelle ou de gauche. « Moi, j'ai toujours voté à gauche, toujours socialiste depuis que je vote. Mes parents aussi. Ils sont plus là mais ils ont toujours voté à gauche, et mon père était à la CFDT. Voilà, mais je vais vous dire, moi j'ai pas changé d'idée, je me sens de gauche. Je n'ai pas abandonné mes valeurs. Mais quand je regarde ce qui se passe, je vois bien que ça dérape complètement. » (Bernard, région lyonnaise). Pour lui, la revendication d'un regard objectif est introduite par un « mais quand ». Il est de gauche… *mais quand* il constate la réalité, il doit bien reconnaître que cette appartenance de gauche ne lui permet plus d'en rendre compte.

Il est très important de comprendre que Bernard ne dit pas qu'il est passé de la gauche au Front national. Il abandonne la façon dont sa sensibilité de gauche l'empêchait de voir la réalité en face. Il ne décrit pas son évolution actuelle comme le passage d'une sensibilité de gauche à une sensibilité de frontiste, mais d'une sensibilité de gauche à une objectivité.

Lorsque, au cours de l'entretien, il se dit tenté par le Front national, nous n'avons pas affaire à une conversion globale à l'ensemble du discours de ce parti, mais à une convergence de points de vue sur l'immigration se revendiquant comme *objectifs*. « Il n'y en a pas trente-six qui disent ça ! Il n'y a qu'elle. Et là, il faut bien reconnaître qu'elle ne s'est pas trompée. » En substance, Bernard affirme qu'il a su adopter un regard objectif sur l'immigration et qu'il reconnaît chez Marine Le Pen la même objectivité. Il ne dit pas qu'il pense comme elle, mais qu'elle pense comme lui. Il ne dit pas dépendre d'elle pour considérer la réalité. Il affirme l'existence d'une convergence entre son point de vue et celui de Marine Le Pen. C'est ce que nous avions appelé une *empathie de point de vue* dans *Le point de rupture*[69].

Le penchant de Bernard pour le Front national ne suppose pas l'adoption de la totalité du discours, et encore moins de l'ensemble du programme, qu'il ne connaît que très vaguement. Il ne s'agit pas d'une *conversion*. La conversion, par exemple religieuse, consiste en un « échange standard » d'un système de croyances par un autre. Elle suppose le reniement. Dans les cas que nous avons étudiés, il faut plutôt parler de syncrétisme idéologique. Bernard l'affirme lui-même : « Je n'ai pas abandonné mes valeurs. » « Le modèle social, la sécurité sociale, l'égalité », énumère-t-il dans la suite de son entretien. Mais il estime qu'elles sont mises en péril par une immigration excessive. La notion de syncrétisme idéologique est une clé de compréhension des nouveaux électeurs du Front national. Elle permet aussi de sortir du débat dépassé qui consiste à savoir si le vote Front national relève de la protestation ou de l'adhésion.

---

69. Jérôme Fourquet et Alain Mergier, *op. cit.*

À ce propos, une récente étude[70] a montré que ces deux dimensions étaient de plus en plus mêlées dans les motivations du vote FN. Ainsi, parmi les électeurs qui envisageaient de voter pour ce parti aux élections départementales, la première raison évoquée était : « parce que vous partagez le constat que ce parti fait sur l'état de la France », avec 41 % de citations. On retrouve bien ici l'idée, formulée dans bon nombre des entretiens qualitatifs que nous avons menés, selon laquelle « les faits lui donnent raison ». La raison évoquée qui venait en deuxième, avec 39 % de citations, était « parce que vous souhaitez exprimer votre mécontentement à l'égard des autres partis politiques ». Arrivaient ensuite la question de l'immigration (33 %), « la capacité à prendre en compte les problèmes des gens comme vous » (30 %) puis, loin derrière, l'adhésion aux idées et solutions économiques et sociales du parti (17 %), la compétence des candidats locaux pour gérer le département (13 %) et la personnalité de Marine Le Pen (11 %). Dans les motivations objectivées par les électeurs frontistes, c'est donc le partage d'une même vision du monde qui arrive en tête, à égalité avec la dimension protestataire. Et, lorsque l'on croise par traitement informatique les réponses, on s'aperçoit que ces motivations ne s'excluent pas. Il n'existe pas deux électorats distincts qui cohabiteraient, l'un purement protestataire mais peu en phase avec le système de valeurs du parti, et l'autre en osmose idéologique avec le discours du FN mais peu mû par des motifs de protestation. En effet, parmi ceux qui ont souhaité exprimer leur mécontentement, le second ressort le plus cité est le partage du constat du FN sur l'état de la France (avec 30 % de citations). Symétriquement, parmi ceux qui ont évoqué cette motivation, la dimension protestataire du vote arrive aussi en deuxième position (30 % également).

Si la notion de syncrétisme offre une clé de compréhension des nouveaux électeurs du FN, elle a également une autre vertu heuristique. Elle permet de mieux comprendre les mécanismes de neutralisation des freins

70. Enquête Ifop pour Atlantico.fr réalisée par Internet du 3 au 6 mars 2015 auprès d'un échantillon national représentatif de 1 288 inscrits sur les listes électorales.

éthiques au vote frontiste. Combinés à l'extrême solidité du diagnostic partagé par les individus interrogés et Marine Le Pen sur la question de l'immigration – solidité conférée, on l'a vu, par une validation *via des faits incontestables* –, ils rendent ces électeurs imperméables aux arguments des opposants au FN. Durant ces derniers mois, le parti de Marine Le Pen a en effet subi plusieurs attaques sévères de la part de ses adversaires politiques et d'une partie de la presse. On a tout d'abord évoqué son financement par une banque russe. Puis sont apparues les révélations sur les dérapages et les propos racistes, antisémites ou homophobes tenus sur les réseaux sociaux par certains candidats au pedigree sulfureux investis par le FN aux départementales. Enfin, dans la dernière ligne droite de la campagne, l'affaire concernant les fonctions réellement exercées par les attachés parlementaires frontistes au Parlement européen a fait grand bruit.

Or, au regard des résultats enregistrés par ce parti aux élections départementales, il semble bien qu'aucune de ces affaires et de ces révélations ne soit parvenue à entamer le capital électoral frontiste ni à freiner sa dynamique, pas plus que la stigmatisation du FN érigée par Manuel Valls en principal axe de campagne.

Le syncrétisme idéologique dont il est question ici est *subjectif*. Chacun le façonne selon ses propres nécessités, le dose comme il l'entend. C'est un processus de ralliement au parti de Marine Le Pen très individualiste[71] .

Pour faire pencher subjectivement vers Marine Le Pen, le syncrétisme idéologique doit :

71. Il nous semble intéressant de poser la question suivante : le syncrétisme idéologique ne caractériserait-il pas Marine Le Pen elle-même ? Elle soutient d'un côté un Vladimir Poutine, et de l'autre un Syriza. Plus précisément, ne caractériserait-il pas la stratégie de Marine Le Pen, ne serait-il pas un sas qui introduit subrepticement à la vérité *pure*, sans mélange, de l'idéologie violente, raciste, totalitaire de l'extrême droite ?

a) prendre en charge un désir identitaire :

— certains, comme Bernard, peuvent rechercher la voie de la fidélité à soi-même ;

— d'autres, à l'inverse, voudront rompre brutalement avec leur passé, lui tourneront le dos pleins de ressentiment ;

b) conforter un angle de vue partagé révélant des évidences jusque-là escamotées[72].

En élaborant son propre degré de syncrétisme, celui qui penche pour le Front national fait le tri dans le discours de ce parti, décidant de ce qu'il retiendra ou pas. Marine Le Pen pense comme lui sur l'immigration ? Cela suffit pour le faire pencher vers la dirigeante d'extrême droite. Ce qui n'est pas partagé, par exemple les excès de langage dont un élu ou un responsable du parti se rend coupable, importe peu. Le principal est ailleurs, précisément dans ce qui est partagé.

C'est ainsi que le passé idéologique sulfureux de Jean-Marie Le Pen est purement et simplement gommé. Le syncrétisme idéologique tend à amoindrir, voire à neutraliser ce qui faisait éthiquement barrage.

Ce syncrétisme, qu'il conviendrait de vérifier et d'analyser plus finement dans les mois à venir, est d'importance. Il montre comment la vision que développent les nouveaux électeurs ou les électeurs potentiels du Front national se construit de plus en plus en leur nom propre.

72. On reconnaîtra la manœuvre idéologique de Marine Le Pen : un tour de passe-passe au terme duquel un système d'interprétations devient une évidence, un fait irrécusable.

LE PLAFOND ET LE PLANCHER

Quel a été l'impact des événements de janvier sur le vote FN ?

Lors des attentats des 7 et 9 janvier et des spectaculaires manifestations des 10 et 11 janvier, on a pu entendre deux types de discours experts concernant le FN. Dans un premier temps, c'est-à-dire au moment des attentats, c'est l'idée que l'identité des commanditaires et la nature du message allaient mécaniquement apporter de l'eau au moulin du FN qui a dominé. On a ainsi entendu de nombreux commentateurs entonner de manière plus ou moins affligée l'air du « On sait à qui cela va profiter ». Ils prophétisaient le déferlement d'une vague d'islamophobie sans précédent et une nouvelle progression du FN dans les urnes. Puis, sous l'effet rassurant des images montrant des cortèges spontanés rassemblant plusieurs millions de personnes un peu partout en France, c'est l'idée du sursaut républicain et de la réaffirmation des valeurs de fraternité, de liberté et de tolérance qui s'est imposée. En ne défilant pas dans le cortège parisien, dans le cas de Marine Le Pen, ou en s'opposant au slogan « Je suis Charlie » (Jean-Marie Le Pen), les dirigeants frontistes se seraient volontairement mis à l'écart de ce large mouvement de communion nationale, commettant une grave erreur stratégique.

Qu'en est-il vraiment ? En réalité, les résultats des élections départementales invalident ces deux hypothèses. En effet, par rapport aux élections européennes, le parti de Marine Le Pen n'a connu aux départementales ni flambée ni dévissage. Il s'est maintenu à un niveau déjà très élevé, avec plus de 25 % des suffrages. En d'autres termes, les événements de janvier ont eu pour principal effet de fidéliser et d'arrimer solidement tous les nouveaux pans de l'électorat qui s'étaient tournés vers Marine Le Pen en 2012. Le FN avait obtenu 18 % au premier tour de la présidentielle, puis 25 % aux européennes en juin 2014 et encore 25 % aux départementales. Contrairement à ce qui a parfois été dit, cette progression en pourcentages ne s'explique pas uniquement par la capacité du FN à mobiliser plus efficacement que les autres partis sa base électorale lors des deux derniers scrutins, marqués par une abstention très élevée. Ce facteur a certes contribué à la hausse mécanique du score du FN lors des deux dernières élections. Mais cette progression est également due à l'apport de nouveaux électeurs. D'après l'enquête Ifop-Fiducial pour i-Télé, *Paris Match* et Sud Radio menée à l'occasion du premier tour, environ un tiers des 5 142 000 personnes qui ont voté pour le FN au premier tour des départementales n'avaient pas opté pour Marine Le Pen à l'élection présidentielle. Cela témoigne de l'ampleur de la dynamique enclenchée en 2012.

Dans ce contexte, et pour employer une métaphore boursière, au terme d'une phase haussière, tout l'enjeu pour le FN n'était pas nécessairement de franchir un nouveau palier, mais de réaliser ses gains et d'établir un nouveau seuil de résistance. En termes plus politiques, il s'agissait de consolider ce gain de nouveaux électeurs, ce qui est toujours difficile dans un contexte de croissance rapide, les électeurs nouvellement arrivés pouvant rapidement se détourner. Or, il semble que les attentats ont contribué à jouer ce rôle. Tous ceux qui pensaient que Marine Le Pen avait été marginalisée lors des grandes manifestations, qu'elle avait commis une erreur stratégique et que son parti allait en payer le prix dans les urnes ont été sévèrement démentis par les résultats de ces élections.

À l'inverse, le fait que le FN n'ait pas enregistré de nouvelle poussée au lendemain des attentats a pu étonner certains. On rappellera tout d'abord que les dynamiques d'opinion sont parfois complexes et ne peuvent se réduire à une lecture mécanique[73]. En outre, pour reprendre une métaphore boursière, les gains de Marine Le Pen étaient déjà intégrés dans son cours. En d'autres termes, son audience s'était très nettement développée depuis la derrière élection présidentielle, c'est-à-dire avant les attentats. C'est ce que montrent les sondages d'intentions de vote pour la présidentielle (*graphique ci-après*) ou les résultats des européennes.

73. En 2012, le sondage *rolling* (en continu) de l'Ifop avait par exemple montré que, contrairement à ce que d'aucuns avaient affirmé, les attaques de Mohamed Merah à Toulouse n'avaient provoqué ni tournant, ni rupture dans la campagne présidentielle, les courbes d'intentions de vote des trois principaux candidats restant stables.

L'évolution des intentions de vote en faveur de Marine Le Pen pour l'élection présidentielle

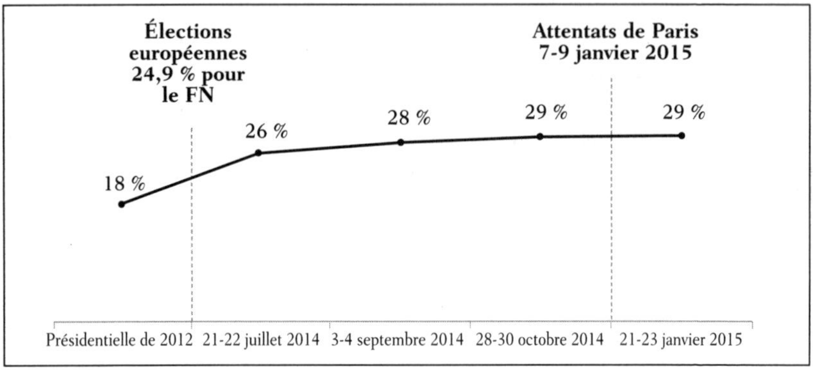

Source : sondages Ifop/Fiducial pour *Marianne, Le Figaro*, I-Télé et Sud Radio.

En effet, contrairement à ce qui a parfois été dit, les résultats du FN aux élections européennes ne doivent pas être relativisés du fait de la très forte abstention ou de la fonction de défouloir qu'aurait ce scrutin. Ce score matérialise au contraire une dynamique qui s'est enclenchée avec l'élection présidentielle de 2012. Pour illustrer le caractère tout à fait inédit de la poussée frontiste, on rappellera que, hormis pour le scrutin de 1984, où le FN a fait son entrée sur la scène politique française, les européennes ont toujours été des élections défavorables à ce parti, du fait notamment de la forte abstention dans les milieux populaires et de la présence de listes concurrentes (souverainistes, chasseurs, mégrétistes). Dans ce contexte, depuis trente ans, le score du FN a oscillé aux européennes entre 5,7 % en 1999 et 11,7 % en 1989. Quand on met en regard cet étiage traditionnel avec les 24,9 % obtenus en juin 2014, on ne peut qu'être saisi par l'ampleur de la poussée. La mise en perspective historique nous interpelle encore davantage quand elle fait apparaître que, pour chaque scrutin européen, le FN a systématiquement obtenu des résultats plus élevés à l'élection présidentielle suivante, parfois de manière spectaculaire…

Résultats du Front national aux élections européennes et aux élections présidentielles qui ont suivi

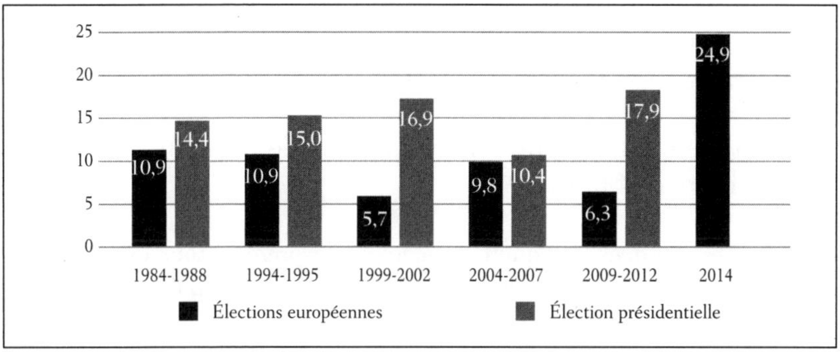

Cette progression de l'audience du FN depuis la dernière élection présidentielle s'est principalement accomplie par un renforcement dans les milieux populaires, où ce parti était déjà puissant. Pour disposer d'une base de comparaison équivalente, nous avons mis en regard les résultats de l'enquête électorale de l'Ifop menée lors du premier tour de la présidentielle de 2012 avec le cumul des deux derniers sondages d'intentions de vote pour la présidentielle de 2017 (réalisés au début de l'année 2015).

Évolution de l'audience électorale de Marine Le Pen par catégorie socioprofessionnelle pour la présidentielle entre 2012 et 2015

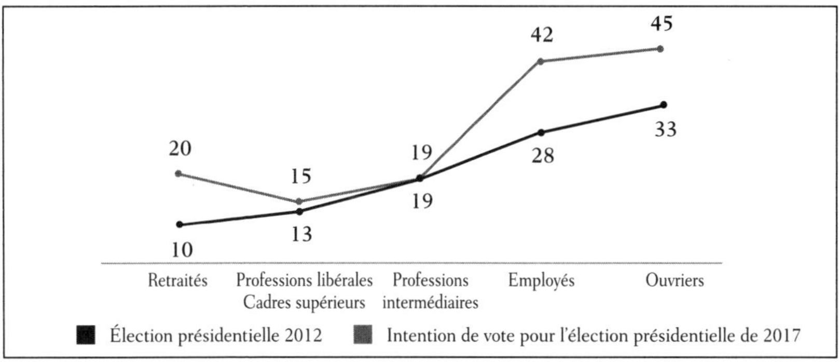

Le graphique précédent montre bien une dilatation de l'audience électorale du FN parmi les ouvriers et les employés, chez lesquels le parti de Marine Le Pen n'est pas loin de devenir majoritaire. Son influence demeure plus limitée dans les autres catégories de la population, même si l'on observe une progression parmi les retraités – nous y reviendrons.

Les départementales : une nouvelle poussée frontiste dans la France populaire

Les données d'enquête concernant le premier tour des élections départementales confirment cette emprise sur les milieux populaires, avec 49 % parmi les ouvriers qui ne se sont pas abstenus et 38 % auprès des employés, soit une moyenne de 43 % dans les catégories populaires, contre seulement 30 % pour l'ensemble des gauches et 24 % pour la droite et le centre. Cette progression dans ces milieux se manifeste de façon spectaculaire sur le plan géographique. Dans le Nord-Est, le FN atteint des niveaux sans précédent sur des terres industrielles comme en Moselle avec, au second tour, des scores de 45,3 % dans le canton de Hayange, de 43 % dans celui de Freyming-Merlebach ou encore de 42 % dans celui de Stiring-Wendel. La poussée est encore plus forte dans le Pas-de-Calais, puisque le FN est parvenu à prendre à la gauche six cantons dans le cœur du bassin minier, avec notamment les deux cantons de Hénin-Beaumont, celui de Harnes, bastion communiste, et celui de Lens, symbole s'il en est de la culture et de l'histoire ouvrières de cette région.

Mais, parallèlement à cette conquête des terres industrielles du Nord-Est, processus déjà bien engagé depuis plusieurs années, les élections départementales ont été marquées par une poussée sans précédent du FN dans les communes ouvrières de l'Ouest, et notamment en Bretagne, région jusque-là assez peu concernée. Des candidats frontistes ont ainsi atteint au second tour 27,1 % dans le canton de Lanester, 29,4 % dans celui de Brest-4, 31,7 % dans celui de Saint-Nazaire-2 ou 33 % dans celui de Lorient-1[74]. On retrouve

74. Tous ces territoires sont caractérisés par la présence actuelle ou passée d'activités de construction navales.

le même phénomène dans le Massif central, autre région jusqu'alors peu exposée, avec des scores impressionnants dans les quartiers ouvriers de Clermont-Ferrand (34,5 % dans le canton de Clermont-1) et de Limoges (39,9 % dans celui de Limoges-4) ou d'autres villes de la façade ouest, notamment dans les quartiers populaires du Mans (36,3 % dans le canton du Mans-5) ou de Châtellerault (36,7 % dans le canton de Châtellerault-2).

Mais, sur cette large moitié ouest du pays, la poussée frontiste ne concerne pas que les cités industrielles ou portuaires. On enregistre des résultats très élevés dans les campagnes modestes de la Sarthe (36,4 % dans le canton d'Écommoy, 36,1 % dans celui de La Suze ou bien encore 33,7 % dans celui du Lude) comme sur le pourtour de l'estuaire de la Gironde, bastion des chasseurs : 50,5 % dans le canton du Nord-Médoc, 45 % dans celui du Nord-Gironde et 41,6 % dans celui de Marennes, dans le département voisin de Charente-Maritime. Au total, même dans la partie ouest de la France, c'est désormais l'ensemble des mondes populaires dans leur diversité qui penchent progressivement vers le FN.

Cet ancrage dans les milieux populaires s'explique principalement par l'emprise idéologique et culturelle qu'y exerce le FN, mais aussi par une certaine proximité. Cela passe par ce que l'on a appelé l'empathie de point de vue. Cette dimension est très importante, puisque le fait que « le FN soit le seul parti qui se soucie des gens comme vous » est, avec 30 % de citations, la quatrième motivation la plus évoquée par les électeurs frontistes pour les élections départementales, à égalité avec l'adhésion aux solutions sur l'immigration et l'intégration (33 %)[75]. Mais cette proximité passe aussi par la capacité du FN à présenter des candidats issus des catégories populaires, ce que ne parviennent plus à faire les autres formations politiques. Le décompte effectué par l'Ifop sur la base des données fournies par le ministère de l'Intérieur concernant le profil des candidats aux élections départementales est édifiant. Comme le montre le graphique suivant,

75. Enquête Ifop pour Atlantico.fr réalisée par Internet du 3 au 6 mars 2015 auprès d'un échantillon national représentatif de 1 288 inscrits sur les listes électorales.

c'est parmi les représentants du FN que l'on compte la plus forte proportion d'ouvriers et d'employés du privé, et c'est au PS qu'elle est la plus faible.

Proportion d'employés et d'ouvriers du privé parmi les candidats

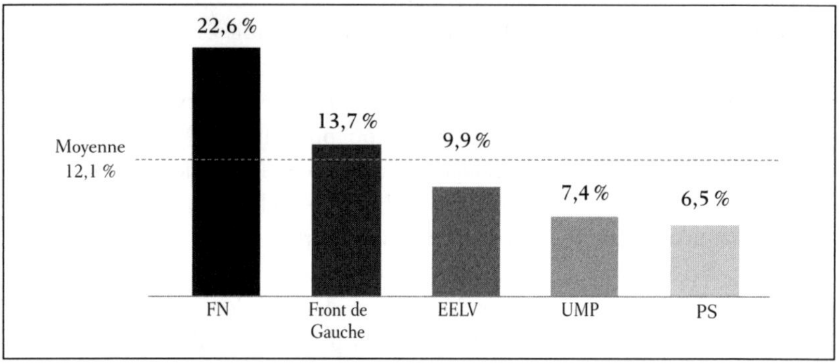

Source : calculs Ifop sur la base de données communiquées par le ministère de l'Intérieur.

Dans un article consacré au canton de Marle dans l'Aisne[76], Florence Aubenas met des visages sur cette réalité sociologique. Elle raconte comme dans une fable l'affrontement électoral entre Yves Daudigny, sénateur et président socialiste du conseil général et ancien maire et président de la communauté de communes de Marle, et Marie-Jeanne Parfait, « sa femme de ménage ou plutôt celle de la mairie » – sous le mandat d'Yves Daudigny, elle avait été employée d'entretien de la mairie de Marle durant trente ans.

Du fait du développement de l'idéologie de l'islamisation que nous avons décrite et de sa consolidation par toute une série de faits et d'événements plus ou moins récents, une part très importante des milieux populaires se tourne désormais vers le FN. De surcroît, ce parti a réussi, par son discours et par le choix de ses candidats, à cultiver une empathie de point de vue avec ces catégories. C'est assurément une force car les ouvriers et les employés

76. « Dans l'Aisne, miroir d'une France coupée en trois », *Le Monde* du 28 mars 2015.

représentent encore 45 % des actifs. Ce socle ainsi constitué s'est affermi idéologiquement et s'exprime électoralement avec plus ou moins d'intensité selon la nature des scrutins.

Il faut en effet opérer une distinction, selon nous, entre le score obtenu dans les urnes et l'audience acquise dans la société. L'influence du FN est certes réelle, mais elle constitue un potentiel électoral qui ne se traduit pas toujours pleinement dans le scrutin. C'est ce qui s'est vraisemblablement produit lors des élections départementales, du fait de l'abstention d'une partie de l'électorat frontiste. Toute une frange des milieux populaires est aujourd'hui proche du FN, mais oscille entre la résignation (et donc l'abstention) et le vote pour le parti de Marine Le Pen. Pour reprendre l'expression de Céline Braconnier, il « redonne du sens au vote »[77], mais y parvient surtout lors d'élections à fort enjeu comme la présidentielle. Ainsi, selon une enquête menée à l'occasion des départementales[78], on constate que l'item « parce que ces élections ne changeront rien à votre situation » qui arrivait en tête des raisons invoquées par les personnes comptant s'abstenir, était encore bien plus cité par les électeurs de Marine Le Pen de 2012 comptant s'abstenir : 54 % de citations contre 38 % pour la moyenne des abstentionnistes.

Sur la base de ces éléments, et nonobstant la survenue de faits politiques majeurs qui viendraient rebattre les cartes, le seuil de 25 % pour le FN constitue de notre point de vue plutôt un plancher qu'un plafond pour les prochaines années. Lors d'échéances majeures comme l'élection présidentielle de 2017, il devrait bénéficier d'un niveau d'abstention bien plus faible qu'aux européennes et aux départementales. Cela lui permettrait de réaliser pleinement son potentiel électoral, majoritairement concentré dans les catégories populaires.

---

77. Céline Braconnier, Jean-Yves Dormagen, *La démocratie de l'abstention. Aux origines de la démobilisation électorale en milieux populaires*, Paris, Éditions Gallimard, 2007.

78. Enquête Ifop réalisée pour *Sud-Ouest dimanche* du 11 au 13 mars 2015 auprès d'un échantillon national représentatif de 1 206 personnes.

Éric Zemmour et *Valeurs actuelles* : symptômes et vecteurs de diffusion de l'idéologie de l'islamisation dans l'électorat de droite traditionnel

Un autre élément pourrait contribuer à hausser le plafond du vote FN au-delà des 25 %. Ce levier de progression réside dans la forte diffusion de l'idéologie de l'islamisation dans des catégories sociologiques aujourd'hui encore très fidèles à la droite, et en premier lieu chez les retraités. En effet, toute une partie de l'électorat de droite traditionnel est travaillée par ces idées. Ainsi, selon les dernières données disponibles communiquées par l'éditeur, à la fin du mois de février 2015, Éric Zemmour avait vendu 480 000 exemplaires de son livre, *Le Suicide français*. Cet impressionnant succès de librairie traduit la prégnance et la progression de cette idéologie dans ces milieux de droite traditionnels – on peut en effet penser que nos catégories populaires ne constituent pas les gros bataillons des lecteurs d'Éric Zemmour. Le fait qu'autant d'exemplaires de ce volumineux et très polémique ouvrage se soient vendus en quelques mois seulement (sa sortie date de septembre 2014) s'explique par le fait qu'il a rencontré un public, mais aussi une époque et un climat d'opinion.

Le discours et la vision du monde (*Weltanschauung*) d'Éric Zemmour correspondent à l'idéologie et aux représentations que nous avons constatées précédemment. Pour reprendre une expression gramscienne, l'éditorialiste du *Figaro* est un des intellectuels organiques de cette idéologie. Avec ses livres, ses chroniques et ses interventions, il a fourni une grille de lecture prête à l'emploi permettant à un large public d'interpréter l'actualité, mais aussi et surtout de la réencoder et de la relier avec des évolutions de long terme. Il effectue une mise en série des événements, met au jour des liens de causalité (intégration européenne et désindustrialisation, immigration et délinquance…) et identifie des événements ou des faits à partir desquels se sont produits des effets de basculement (Mai 68, le regroupement familial en 1974, l'adoption de l'euro, etc.). Quand on interroge son public, on constate qu'il apprécie qu'Éric Zemmour brise le politiquement correct et propose une vision lucide de la réalité – contrairement aux élites politico-médiatiques qui resteraient dans le déni ou seraient déconnectées. Mais ce qu'il apprécie surtout, c'est qu'il mette en forme et en mots son ressenti et ses perceptions. « Zemmour exprime avec talent ce que je pense sur plein de sujets. On est sur la même longueur d'ondes, mais il parvient à formuler cela bien mieux que moi. Il a une grande culture historique et il s'en sert pour expliquer l'actualité », dit Jacques, retraité de Senlis. On le voit, Zemmour est un symptôme, mais aussi un acteur important dans la diffusion de cette idéologie au sein d'autres groupes sociaux que les milieux populaires. Disposant d'une importante surface médiatique, il a contribué à la diffusion, mais aussi à la structuration de cette grille de lecture. Un sondage[79] réalisé juste après la sortie de son livre montrait une large adhésion du public à certaines de ses formules, y compris les plus provocantes.

L'adhésion à certaines prises de position d'Éric Zemmour

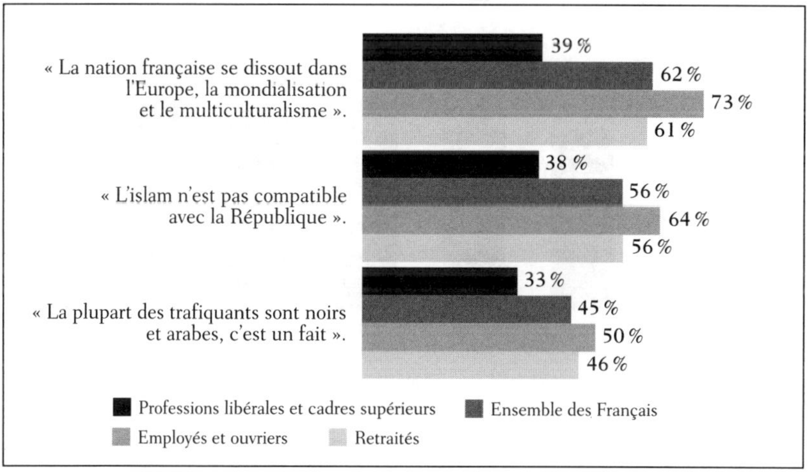

Source : sondage Ifop pour *Valeurs actuelles* réalisé par Internet du 14 au 16 octobre 2014 auprès d'un échantillon national représentatif de 985 personnes.

79. Sondage Ifop pour *Valeurs actuelles* réalisé par Internet du 14 au 16 octobre 2014 auprès d'un échantillon national représentatif de 985 personnes.

Si l'on examine le graphique précédent, on remarque de nouveau un véritable fossé entre CSP+ et catégories populaires. Ces dernières, même si elles n'ont pas toujours entendu parler de Zemmour, campent massivement sur le type d'idées qu'il diffuse, alors que les cadres supérieurs et les professions libérales y sont très majoritairement hostiles[80]. Mais l'information principale que nous apporte ce graphique est le fait que le taux d'adhésion des retraités à ces opinions est très proche de celui des milieux populaires. On voit donc ici comment, autour d'un discours dénonçant ce que nous avons appelé le *processus d'islamisation*, le socle électoral du frontisme pourrait s'élargir. L'évolution des ventes (et notamment au numéro) de *Valeurs actuelles*, hebdomadaire partageant et relayant ce discours, constitue un autre symptôme de ce processus. Alors que les chiffres de la presse ne cessent de reculer, *Valeurs actuelles* voit son tirage progresser de manière très significative[81].

L'évolution des ventes de *Valeurs actuelles*

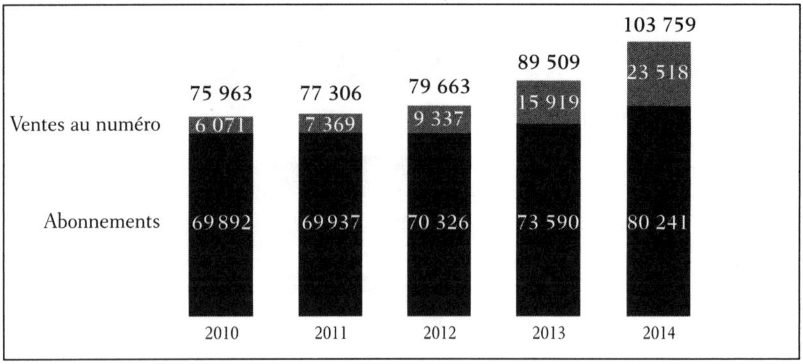

Source : OJD (organisme de référence dans l'expertise du dénombrement des médias imprimés et numérique).

C'est ainsi toute une frange de l'électorat de droite traditionnel – très bien décrite par Benoît Hopquin et Alexandre Piquard dans un article du

80. Cette réalité n'échappe pas aux soutiens de Zemmour, qui communient avec lui dans le rejet et l'opposition frontale à l'intelligentsia et à la doxa dominante.

81. En 2013 et 2014, l'OJD décerne d'ailleurs à *Valeurs actuelles* les étoiles d'or pour la meilleure progression dans la catégorie des newsmagazines.

Monde intitulé « La France de *Valeurs actuelles*[82] » – qui se trouve travaillée par cette idéologie et oscille entre vote UMP et vote FN. Et, comme le montre le tableau suivant[83], si des différences d'opinion demeurent profondes entre les deux électorats sur les questions économiques et sociales, ils partagent aujourd'hui le même point de vue sur la thématique identitaire. C'est donc bien sur la question de l'islamisation et de l'immigration que la bascule de cet électorat vers le Front national pourrait se faire.

L'adhésion des sympathisants de l'UMP et du Front national à différentes mesures

Question : personnellement, seriez-vous favorable ou opposé à chacune des mesures ou propositions suivantes ?

Récapitulatif total « Favorable »

	Sympathisants de l'UMP (%)	Sympathisants du Front national (%)	*Écart UMP/FN*
La réduction de 200 000 à 10 000 du nombre d'entrée des immigrés par an en France	90	98	-8
L'interdiction du voile islamique dans les salles de cours à l'université	92	94	-2
La suppression de la loi Aubry instaurant les 35 heures	78	51	+27
Le retour à la retraite à 60 ans	49	84	-35
La suppression de l'Impôt de solidarité sur la fortune (ISF)	52	29	+23
L'abandon de l'euro et le retour au franc	15	63	-48

82. *Le Monde* du 18 novembre 2013.

83. Sondage Ifop pour *Le Figaro magazine* réalisé par Internet du 27 au 29 mars 2015 auprès d'un échantillon national représentatif de 2 883 personnes.

Dans ce contexte, on comprend pourquoi, parmi les électeurs de Nicolas Sarkozy au premier tour de l'élection présidentielle de 2012 qui ont participé aux élections départementales, 18 % ont voté pour des candidats du FN[84]. Si ce mouvement prenait de l'ampleur, il élargirait l'assise du Front national et le ferait progresser au-delà de son actuel plancher de 25 %.

84. Sondage Ifop-Fiducial pour I-Télé, *Paris Match* et Sud Radio réalisé par Internet le 22 mars 2015 auprès d'un échantillon national représentatif de 2 797 personnes inscrites sur les listes électorales.

CONCLUSION

Les événements de janvier 2015 ont cristallisé les perceptions de cet électorat populaire qui s'oriente vers le Front national. Sur fond d'une crise économique sans précédent depuis l'après-guerre, tous les ingrédients de l'insécurisation favorisant le populisme d'extrême droite étaient déjà présents à l'esprit de l'électorat populaire avant les attentats. Ces derniers ont pour autant eu un impact dans deux dimensions de l'après-janvier 2015.

L'autorité des milieux populaires

La nature des attentats – le fait que des journalistes aient été assassinés, le fait que des juifs aient été tués ou que des policiers aient été abattus – a *confirmé* en l'amplifiant le sentiment d'insécurisation généralisée que l'électorat populaire ressentait avant le mois de janvier 2015.

Cette *confirmation* n'apparaît pas dans les discours que nous avons recueillis comme un commentaire parmi d'autres. Elle joue un rôle central. Elle fonctionne comme une accréditation : elle établit la vérité de ce que les milieux populaires énonçaient préalablement.

Forts de cette *accréditation* par toute une série de *faits objectifs*, ces milieux estiment qu'ils font *autorité* en matière de diagnostic sur la situation de la France. La surdité dont ils pâtissaient de la part de « ceux d'en haut » leur devient d'autant plus intolérable qu'elle change de nature. Les élites, selon eux, ne refusent plus de les entendre par indifférence, désintérêt ou négligence[85], mais par peur de la vérité dont, eux, sont détenteurs. Le mépris social se double désormais à leurs yeux d'un déni de vérité.

Pour ces électeurs, ce n'est pas au Front national qu'ils doivent ce diagnostic juste, mais à leur propre réflexion. Le Front national est leur porte-voix. Marine Le Pen est *un haut-parleur*, non pas des *sentiments* des milieux populaires mais des *vérités objectives* dont ils s'estiment dépositaires. Faut-il dès lors souligner que le questionnement que l'on entend encore sur la nature du vote pour le Front national – vote contestataire ou vote d'adhésion – a perdu toute pertinence ?

La machinerie idéologique

Ces *vérités objectives* sont élaborées au travers d'une machinerie à interpréter l'actualité, que les attentats de janvier 2015 ont verrouillée. Nous en avons montré le fonctionnement : inscription des événements dans des séries historiques – banlieues en crise, immigration, terrorisme islamiste, dimension géopolitique. Ces séries se trament et forment une structure où tout est lié à tout, où tout renvoie à tout, où tout explique tout. Des continuités sont établies entre les séries événementielles qui se nouent en un point : l'islamisation. Dans ce contexte, le terme d'islamisation a deux propriétés. 1) Il est une *condensation*[86] de l'ensemble des séries événementielles et 2) il établit un lien entre l'insécurité culturelle, dont il devient le nom, et l'insécurité économique liée à la mondialisation. Ce lien est la dilution des frontières – notion cruciale.

Cette machinerie à interpréter tourne toute seule. Il n'est pas nécessaire que Marine Le Pen en active les engrenages argumentatifs ni les

85. Comme ce fut le cas lors de grands débats sur les effets de la mondialisation et de la construction européenne, par exemple au moment du référendum sur le Traité constitutionnel européen en 2005.

86. Nous employons le terme « condensation » en le faisant résonner avec son sens freudien.

rouages métaphoriques. L'actualité l'alimente. Elle carbure aux événements[87]. Bien plus : soit, au pire, on ne sait pas répondre aux problèmes dont elle se nourrit, soit, au mieux, on ne peut le faire que sur le long terme. Autant dire que cette machinerie est, et sera encore longtemps, difficile à enrayer. Pour l'affronter, à droite comme à gauche, il n'y a que *crises de sens*.

Nous ne sommes qu'au début d'une confrontation à un phénomène de longue durée qui exige des stratégies plus ambitieuses que l'attaque *ad hominem* de Marine Le Pen, les enquêtes sur son parti, la réfutation de son programme ou les imputations de racisme et de xénophobie de son électorat actuel et à venir. L'attaque du porte-voix ne tarira pas la voix. Bien au contraire.

Pour prendre la mesure du défi, ayons en tête que la machinerie que nous avons décrite est la seule à proposer aujourd'hui une interprétation globale de la situation de la France. Cette interprétation est dotée de la cohérence *interne – tout explique tout, rien ne peut la contredire* – qui constitue, selon Hannah Arendt, le danger totalitaire des idéologies.

87. Ainsi, par exemple, cette mécanique parfaitement huilée a encore été nourrie ces derniers jours par deux événements qui s'inscrivent dans les séries que nous avons évoquées. Le drame des migrants africains mourant par centaines aux portes de l'Europe renvoie à la série sur l'immigration et à celle sur la géopolitique des révolutions arabes. Le projet d'attentats contre des églises de Villejuif, évité de justesse mais s'étant soldé par la mort d'une jeune femme, renvoie, quant à lui, à la série sur le terrorisme et à celle sur le djihadisme.

ADDENDUM : L'AFFAIRE GHLAM, UNE ILLUSTRATION CHIMIQUEMENT PURE

À l'heure où nous mettions la dernière main à cet ouvrage, on apprenait que Sid Ahmed Ghlam s'apprêtait, selon les services de police, à commettre un ou plusieurs attentats contre des églises de Villejuif. Même si le bilan humain est beaucoup moins lourd que lors des attentats de janvier 2015 (une victime), ce cas est des plus signifiants. En effet, il présente en condensé et de manière quasi-parfaite l'intrication de toutes les *séries* que l'on a mises à jour. De plus, les Français qui se retrouvent dans cette vision vont, à cette occasion, pouvoir une nouvelle fois les remonter et les parcourir dans tous les sens.

La biographie et le profil du terroriste présumé renvoient et lient en effet les différentes dimensions constitutives de l'idéologie de l'islamisation. La *série immigration* est bien entendu présente puisqu'il est arrivé enfant d'Algérie, puis est retourné là-bas à l'adolescence avant de revenir en France après le bac pour suivre des études supérieures[88].

La *série crise des banlieues* affleure également dans la mesure où sa famille est installée au quartier du Vert-Bois à Saint-Dizier. Or le quartier du Vert-Bois, zone urbaine sensible de Saint-Dizier, a fait parler de lui pour des trafics mais également des explosions de violence régulières. On retrouve donc là, d'une part, la théorie du terreau et, d'autre part, l'aspect d'une diffusion sur tout le territoire national de l'immigration, mais aussi dès lors, potentiellement,

88. Cette idée du « double-identité » et d'attaches très fortes avec l'Algérie ressort très bien dans l'article intitulé « Sid Ahmed Ghlam : Algérien et Bragard », où l'on peut lire notamment : « Terroriste et meurtrier présumé, Sid Ahmed Ghlam multipliait les allers-retours entre son Algérie natale et Saint-Dizier depuis 2001 », *Le Journal de la Haute-Marne*, 23 avril 2015.

du terrorisme. Saint-Dizier, ce n'est pas la Seine-Saint-Denis, mais une petite ville de 30 000 habitants, située dans la très rurale et enclavée Haute-Marne, et pourtant Sid Ahmed Ghlam venait de là… L'effet de sidération apparaît notamment à la lecture des médias locaux. Ainsi *Le Journal de la Haute-Marne* publiait deux articles le 22 avril 2015 titrés « Projet d'attentat à Paris : le suspect serait originaire de Saint-Dizier » et « Attentat déjoué à Paris : les connexions hautes-marnaises de Sid Ahmed Ghlam ». France-3 Champagne-Ardenne consacre le 23 avril 2015 un reportage à ce sujet intitulé : « Comment le jeune bragard Sid Ahmed Ghlam s'est-il radicalisé ? ».

Au travers du profil de sa compagne, *la dimension prosélyte et conquérante de l'islamisme* est également présente puisque l'enquête a révélé que le terroriste présumé revenait régulièrement le week-end voir cette jeune convertie, portant la burqa et vivant recluse chez elle avec deux jeunes enfants.

On retrouve aussi dans cette « parabole » la *dimension d'un terrorisme « translocaliste » et de basse intensité*. Cette affaire fait apparaître des connexions *via* cet individu entre un point très excentré du territoire (la Haute-Marne), la région parisienne mais aussi la Syrie vers laquelle il avait manifesté le souhait de se rendre et pays dans lequel il avait noué des contacts avec un commanditaire qui lui aurait assigné l'objectif d'attaquer des églises. Le fait qu'il s'agisse d'un jeune étudiant radicalisé, apparemment activé à distance, renforce le côté imprévisible de cette menace. Ce cas montre alors une nouvelle fois qu'« ils » peuvent passer à l'action à tout moment et qu'il y a en France une « armée dormante » d'individus[89] qui peuvent être activés à tout moment, n'importe où, pour commettre des actes de terrorisme de basse intensité (quelques morts à chaque fois) au moyen d'armes de guerre. On notera au passage que l'on a retrouvé plusieurs kalachnikov chez Sid Ahmed Ghlam, ce qui va renforcer l'idée, déjà bien établie parmi les personnes que nous avons rencontrées, que l'on peut effectivement se procurer ce type d'armes sans trop de difficultés.

---

89. L'enquête a débouché sur plusieurs interpellations et semble indiquer que Sid Ahmed Ghlam aurait bénéficié du soutien de plusieurs complices.

Face à cela, les forces de l'ordre sont démunies car elles ne peuvent surveiller ces trop nombreux terroristes en puissance. L'idée d'imprévisibilité de la menace et d'inéluctabilité des attaques gagne en intensité : le gouvernement et les autorités ont ainsi indiqué qu'on avait « fortuitement » évité un attentat « imminent ». Le sentiment de vulnérabilité se renforce encore : la jeune victime Aurélie Châtelain aurait été tuée car elle aurait simplement eu la malchance de croiser la trajectoire du terroriste présumé.

Janvier 2015 : le catalyseur

SOMMAIRE

COLLECTION DIRIGÉE PAR GILLES FINCHELSTEIN
ET LAURENT COHEN

ISBN : 978-2-36244-079-3

12, CITÉ MALESHERBES - 75009 PARIS

www. jean-jaures.org

Réalisation : REFLETS GRAPHICS

Achevé d'imprimer par l'imprimerie PANOPLY

MAI 2015